人才发展协会（ATD）
软技能系列

职场
适应力

［美］埃斯特·杰克逊 著
（Esther Jackson）

石若琳 译

ADAPTABILITY IN
TALENT DEVELOPMENT

中国科学技术出版社
·北 京·

Published by arrangement with the Association for Talent Development, Alexandria, Virginia USA.

北京市版权局著作权合同登记 图字：01-2022-5108。

图书在版编目（CIP）数据

职场适应力 /（美）埃斯特·杰克逊
（Esther Jackson）著；石若琳译 . — 北京：中国科学
技术出版社，2023.7（2023.12 重印）
书名原文：Adaptability in Talent Development
ISBN 978-7-5236-0116-7

Ⅰ . ①职… Ⅱ . ①埃… ②石… Ⅲ . ①职业选择—通
俗读物 Ⅳ . ① C913.2-49

中国国家版本馆 CIP 数据核字（2023）第 069735 号

策划编辑	杜凡如 李 卫	责任编辑	李 卫
封面设计	仙境设计	版式设计	蚂蚁设计
责任校对	焦 宁	责任印制	李晓霖

出 版	中国科学技术出版社
发 行	中国科学技术出版社有限公司发行部
地 址	北京市海淀区中关村南大街 16 号
邮 编	100081
发行电话	010-62173865
传 真	010-62173081
网 址	http://www.cspbooks.com.cn

开 本	880mm×1230mm 1/32
字 数	108 千字
印 张	6.5
版 次	2023 年 7 月第 1 版
印 次	2023 年 12 月第 2 次印刷
印 刷	北京盛通印刷股份有限公司
书 号	ISBN 978-7-5236-0116-7/C·235
定 价	68.00 元

导读

工作环境正在发生变化。过去，公司优先考虑的是如何大幅度提高工作绩效和生产力，侧重对员工开展培训，希望员工能够在更短的时间内完成更多的工作。如今，公司管理者已经意识到，员工可能确实提高了工作效率，但工作质量，尤其是员工之间的合作，并未得到改善。在可预见的未来，自动化程度有望进一步提高，硬技能和软技能需求之间的平衡还会发生变化。员工未来需要投入更多时间在机器能力相对弱的工作上，如人员管理、专业技能、与人沟通等。总之，人们现在比以往任何时候都更加看重软技能的价值。

这就要谈到人才发展了。

软技能的需求日益增长，人才发展专业人士在其中可以发挥独特的作用。他们和其他员工一起工作，为整个团队提供辅导；教学设计师跨职能部门工作，解决业务需求问题；学习型管理者利用影响力，获得更多预算或资源。但是，如果人才发展专业人士不提高自身的软技能，又如何在未来帮助员工发展软技能呢？

在人才发展协会，我们致力于创造一个更好的世界，帮助像你这样的人才发展专业人士更好地在职场帮助人才发展。作为这项工作的一部分，人才发展协会设计了人才发展能力模型作为框架，用于指导人才发展工作从业者获得知识和技能来提高自身能力，帮助员工和组织实现进一步发展。虽然软技能在"打造个人能力"方面的作用最为突出，但实际上在这个模型中的各个能力范畴，包括发展职业能力和影响组织能力等方面，软技能都起着至关重要的作用。有了软技能，人才发展专业人士将在教学设计、培训交付和引导、未来准备、变革管理等方面，再上一个台阶。

人才发展专业人士需要关于如何发展人才的资源，也需要关于如何提高自身人际交往能力的指导，进而提高适应性、自我意识和同理心、创造性、协作性、影响力和说服力。人才发展协会的软技能系列提供的正是这方面的指导。

"人才发展协会（ATD）软技能系列"中的每本书各介绍了一项软技能，都是人才发展专业人士在帮助其组织和员工发展时所必备的。每本书均分为两部分。第一部分的内容是关于该技能是什么，为什么重要，提高该技能会在内外部遇到哪些障碍。第二部分将镜头转向人才发展专业人士的日常工作，关于他们在工作中怎样实践和完善这一技能。书中还提供了工作记录表、自我反思练习和最佳实践，让人才发展专业人士得以将其技术专长与新掌握的软技能相匹配，从而建立职业复原力。

本系列包括：

- 《职场适应力》
- 《职场情商力》
- 《职场创造力》
- 《职场合作力》
- 《职场影响力》

我们很高兴能为你提供这套"人才发展协会（ATD）软技能系列"，希望这些书能为你未来的学习和发展提供帮助。

杰克·哈洛（Jack Harlow）

人才发展协会出版社高级发展编辑

序言

噢，那些被名字耽误了的软技能！

多年来，组织机构都忽视软技能，强调技术技能，常常低估了团队合作、有效沟通、使用问题解决技巧和管理冲突的价值。新任经理之所以失败，是因为他们的晋升往往是基于技术资格，而没有考虑到人际关系和鼓励团队合作的软技能。就在十几年前，培训师还羞于启齿说他们的课程提升了人们的软技能。这是为什么？

◎ 软技能的前世今生

人们之所以不愿意承认他们用到了（或需要）软技能，通常是因为名字中这个不幸的"软"字，这让人们认为软技能不如会计或工程等"硬"技能价值高。顾名思义，软技能很容易掌握，或被认为太水了，不值得重点培养。这两种看法都是对软技能的误解。事实上，赛斯·戈丁（Seth Godin）称软技能为"货真价实的"技能："因为软技能确实行之有效，是我们现在需要的核心技能"。

然而，整个社会看重的似乎都是技术技能，而不是人际交往技能。我们钦佩的是研发新型冠状病毒疫苗的科学家，而不是人们在居家隔离期间利用沟通技巧与员工互动的领导者。我们承认不会开飞机很容易，但我们相信自己很有创造力，或者能很快适应环境。之所以会如此，是因为我们一辈子都听人这么说，对此耳熟能详——事实上却并不是这样。因此，我们更加重视通过获取高等学位和毕业后的培训认证来学习技术技能，以便能找到工作，而不重视掌握人际关系技能。

幸运的是，许多企业和企业管理者现在都已经认识到，如果员工的技术知识能得到软技能的支持，会产生很大的价值。因为软技能对你职业生涯的重要性，远比你想象中要大。请考虑：作为就业重构峰会① （Jobs Reset Summit）的一部分，世界经济论坛确定 50% 的劳动力需要技能再培训和

---

① 就业重构峰会，由世界经济论坛举办，汇集来自商界、政府、社会组织、媒体的卓越领袖和广大公众，共同制定有助于促进增长、增加就业、提升技能和促进平等的新议程。——编者注

技能提升。峰会还确定了未来十大职业技能的再培训需求。在 21 世纪所需的 10 项技能中，有 8 项是非技术性的，包括：创造力、独创性、主动性、领导力、社会影响力、复原力、抗压能力和灵活性。领英在 2019 年《全球人才趋势报告》(*Global Talent Trends Report*) 中指出，掌握软技能是推动工作场所未来发展最重要的趋势：91% 的受访者表示，软技能与技术技能一样重要或更重要，80% 的受访者认为软技能对组织的成功非常重要。德勤的一份报告表明，"到 2030 年，软技能密集型工作将占到所有工作的三分之二"，而具备协作、团队合作和创新相关技能的员工，每年可为企业多增加 2000 美元的价值。随着机器人成本的降低和人工智能的发展，团队合作、解决问题、创造力和影响力等软技能变得越来越重要。

软技能可能不像人们最初想象的那样，只作为一个可选项而存在。

◎ 软技能的重要性

软技能有时被称为企业技能或就业技能。尽管名声不好，但特别有价值，因为软技能可以在工作、职业、部门甚至行业之间转移，不像硬技能或技术技能那样，通常只与特定工作相关。沟通能力一般是最重要的软技能，但软技能还包含其他技能，比如在"人才发展协会（ATD）软技能系列"中谈到的：情商力、适应力、合作力、创造力和影响力。这些个人特质会影响员工信任度、责任感和职业道德。

软技能之所以重要，还因为几乎所有工作都需要员工之间互动。组织要求员工具备完成各项工作所必需的技术技能和正式资格。然而，事实是，商业中讲的就是关系，组织的成功也依赖于关系。这就是成功的员工、富有成效的组织和软技能碰撞出火花的地方。

◎ 软技能与人才发展能力模型

人才发展专业人士是确保组织具备成功所需的全部技术类技能和软技能的重要因素。我有时仅仅是想到为确保组织、客户、领导、学员和自身成功需要了解的一切，就已经筋疲力尽了。人才发展工作绝非千篇一律，每天、每个设计、每次产出的结果都不一样，参与者也各有各的情况。有差异是好事，因为有挑战才能有更好的发展。

作为人才发展专业人士，我们明白软技能对于员工的培训和发展至关重要，但我们自己呢？你需要哪些软技能才能在职业生涯中取得成功？是否思考过你需要精通的所有技能？

人才发展协会的人才发展能力模型有助于你认识到自身需要提高的技能，但模型中相应软技能的描述较简单，你还需要自己进一步了解更多相关内容。以下是一些例子：

- **个人提升能力**专属软技能，但未能列出其全部。很明显，沟通、情商、决策、协作、文化意识、道德行为和终身学习都是软技能。项目管理可能更具技术性，但如果没有良好的沟通和团队合作，项目就不可能成功。

- **专业发展能力**需要软技能贯穿始终。如果没有创造力，如何实现教学设计和培训授课？如果不注重情商力和影响力，就无法指导或处理职业发展问题。即使是技术应用和知识管理，也需要人才发展专业人士有适应性、创造力和合作力，才可能成功。

- **组织影响能力**侧重于在领导和组织层面工作时用到的

软技能。为获得商业洞察力，成为管理层的合作伙伴，发展组织文化，你需要与最高管理层合作，发挥影响力，并借助情商技能与最高管理层沟通。人才战略相关工作需要适应力和影响力方面的软技能。如果没有良好的沟通、情商和团队合作，就不可能成功实现改变。

为未来做准备，你需要创造力和创新精神。

简而言之，软技能能让人才发展专业人士与他人有效互动，从而掌握能力模型中跨学科的 23 项能力。

◎ 软技能：专业精神的关键

作为人才发展专业人士，我们要精通几乎所有软技能，才能履行最基本的工作职责。然而，发展软技能的重要性还有一个更为基础的因素：只有掌握了这些技能，我们才能表现出专业精神，从而赢得利益相关者、学员和同事的尊重。我们必须专业，否则怎么能被称作人才发展"专业人士"呢？

专业精神是推动我们事业发展的动力。为了让"人才发展专业人士"这个称号名副其实，我们要做高绩效者，展示出技术人才能力清单之外的素质和技能；自身要精通各项软技能，才能从容地为他人提供帮助；成为团队中的一员，证明我们能和别人合作良好；要情商高，确保察觉到、控制好和表达出自己的情绪，处理好人际关系；有创造性，帮助组织在竞争中占有优势；要适应性强，帮助组织为迎接未来做好准备；还需要影响力技能，以便自己也能在未来占有一席之地。

我们需要与各自岗位所匹配的知识和技能来完成工作，而那些成功人士同时也精通软技能。生活中的每一天，与他人的每一次互动，你都用得到这些软技能。软技能让人头脑灵活、足智多谋、复原力强，可以提高专业水平，促使职业成功，缺乏这些技能则可能会限制职业发展。

显然，软技能比人们以前认为的更重要，对于人才发展专业人士和培训师来说更是如此。学员和客户希望你的大多数课程主题都有前瞻性，还希望你为职业成功所需的技能建模。要让自己更专业，你需要哪些软技能？更清晰地沟通？人际交往能力？更加灵活？自我管理？专业风采？还是足智多谋？

E. E. 卡明斯（E. E. Cummings）说过："成长并成为真正的自己，需要勇气。"我希望你有勇气决定需要提高哪些技能才能成为最好的培训师——尤其是那些被误命名的软技能，它们一点儿都不软。你还要为自己树立足够高的标准，让自己保持训练状态。"人才发展协会（ATD）软技能系列"的这 5 本书，为你提供了一个很好的起点。

伊莱恩·碧柯（Elaine Biech）

《职业成功的技能：最大化你在工作中的潜力》（*Skills for Career Success: Maximizing Your Potential at Work*）作者

前言

2020 年的 3 月 16 日，我不用去单位上班，于是就把车开到了 4S 店进行保养，在客户休息室里用笔记本电脑工作。这时电视上正在播放州长讲话，密歇根女州长格雷琴·惠特默（Gretchen Whitmer）宣布鉴于新型冠状病毒疫情的扩散，本州所有餐饮酒吧责令关闭。就在 3 天前，政府刚禁止了举办超过 250 人的大型集会。这之后一个月左右，大部分店铺都停止营业，公司除必要情况外，也都改成居家办公。

这一周以来我都在为家人的健康状况担忧，特别担心他们被感染。病毒肆虐，形势严峻，大家都居家隔离，我最关心的就是全家人的行程与感染者有没有交集。其次，就是关注疫情注意事项，生怕自己遗漏了疾病防控中心的信息，或者哪里做的和专家提醒的不一样。这一切来得太快，和电影剧情一样，起初我都不敢相信这是真的。疫情就这样突然袭来，冲破了我们的心理防线。我想你和我一样，心中有着太多的疑问。这种状态到底会持续多久？我们要怎么做才可以抗疫成功？

因为疫情，远程办公从一天延长至无限期，直到政府有新的通知。没多久，整个美国都进入了这种状态。那时的我浑然不知，随着疫情的蔓延，居家办公竟然也成了常态。记得上次参加员工会议，还是在封锁前的两周。开会的时候讲到了大家只能在固定的天数里选择居家办公，我当时还愤愤不平，暗自嘀咕这么几天可不够。现在因为疫情，想回办公室却成了奢望。强制在家有点不好受，我每天都关注新闻，期盼着一切能恢复正常。但是总体来说，居家办公的感觉棒极了，一大好处就是不用来回通勤，省下了很多时间去做更多的事情。我身边有的朋友 10 年来一直是居家办公，足不出户就赚到了工资，他们经常感叹自己的工作是多么舒适。当然，也不是谁都适合在家里办公。不过我觉得自己应该没问题。不妨来试试吧！

疫情给我们的生活带来了翻天覆地的变化，从商业、教育业、娱乐业、旅游业，到政府和社区，似乎都变得不一样了。回想 3 月份的时候，我们的生活充满了未知，谁都不知道今后的日子会是什么样的。这就需要我们有超强的适应力，去适应这些改变。这次的疫情再一次证明了，适应力是多么重要的一项技能。话说回来，工作一直需要我们有一定的适应力。回想一下，在单位是不是总有一些意想不到的变化，需要我们去适应呢？

◎ 适应力——博弈的关键

适应力对你来说意味着什么？它有哪些特点？你想到了什么？说到适应力，我首先想到的是一只聪明的变色龙，它将自己伪装在热带雨林的枝头，和周围融为了一体。我们要想跟变色龙一样，可不是件容易事。

适应力指的是我们应对变化、适应新环境的能力。这要求我们不仅要迎接改变，还要为了新的目标克服不利条件，适当地调整自己。面对挑战，只有展现出极大的适应力，且足够灵活又足够全能，才能脱颖而出。你呢？你是要退缩，还是要迎难而上？读完这本书，你将更加了解自己，也会明白制胜的关键，就是提高自己的适应力。

每当变化袭来，我们的情绪都会跟着波动，根本来不及思考，更不会去想怎么才能适应新的变化。也正是因为这个，适应力总是和情商（EQ）挂钩，这两者也成了我们驰骋职场的关键。情商又称情绪智商，主要是指人在情绪、情感、意志、耐受挫折等方面的品质。一般来说，情商高的人总是可以从容应对改变。丹尼尔·戈尔曼（Daniel Goleman）的书《情商》为我们阐述了情商的含义。在书中，戈尔曼把情商概括为以下 4 个方面的能力：了解自己、认识别人、处理人际关系以及管理自身情绪。

- 了解自己：有自我意识，能够理性地看待自己的情绪。

- 认识别人：有同理心，能够理解别人的情绪、需求和忧虑，同时可以从语言、肢体、表情等方面体察别人情绪的变化。

- 处理人际关系：能够洞察自己和他人的情绪，建立和谐的关系。辨别、分析别人的情绪，合理地展示自己的情绪，以调节别人的情绪。

- 管理自身情绪：平衡自己的内心状态，控制自己不要冲动或者胡思乱想。包括情感方面的恢复能力、承受压力的能力、适应变化的能力以及个人敏捷性。

特别要注意的是，适应力离不开个人情绪的管理，我们要有意识地去控制自己的情绪，同时积极引导自己的感受。

面对挑战，能控制住情绪的人，往往适应力也很好。很多时候，想达成预期，就是要适当地控制自己的情绪、思想以及行为。要更好地管理情绪，就要提到我们的适应能力商数，也就是 AQ（Adaptability Quotient）。AQ 指的是我们的适应能力，也是个人能力的一种体现。

我曾在组织机构中，带领大家应对改变，也见证了身边的人通过提高自己的适应力，获得了自己想要的成果。在适应力方面，也算比较有发言权。而且，我还进一步学习了有关 AQ、变革管理模式的相关理论和案例，并把它们运用到了自己的工作中。不仅我深受适应力研究的吸引，越来越多的人开始重视适应力。相关研究表明，AQ 并不仅仅是个商数，它对我们的工作和生活都有着很大的影响。

◎ 我们的大脑和适应力

出现了变化，不管你愿意不愿意，大脑都会来帮忙。大脑能帮我们解读变化，认清眼前的形势。每当威胁渐渐平息，我们的适应力也会跟着发生变化，你会在不经意之间成长，变得更加坚韧。也正是因为如此，人们在应对工作的时候，都有自己惯用的方式。随着神经科学方面的研究不断深入，可以确定，大脑影响着我们的适应力。

我们的一言一行都离不开自己的大脑。一些事情重复的次数多了，也会在大脑上留下痕迹，进而形成习惯，想要改掉都费劲。因此，通过学习神经科学，我们可以进一步理解自己的适应力。大家都知道，谁也阻挡不了改变的步伐。但是却不一定真的了解，在经历改变的时候，我们的大脑也跟着进入了防御模式。如果情况不理想，甚至很危险，大脑就会产生压力，让我们身心俱疲。可以说，大脑如何运转，直接决定着我们面对危机的反应和处理方式。

那么，大脑到底有哪些结构可以帮助我们应对新的情况、变数甚至是危机呢？要感知身边的威胁和压力，同时做出反应，离不开大脑的 3 个部分——前额叶皮质、杏仁核以及海马体。

- 前额叶皮质通常被称为脑部的命令和控制中心。决策和自控等较高层次的思考就在这里进行。我们解决问题、抽象思考、安排计划，以及规划未来的时候，都需要前额叶皮质的帮助。
- 杏仁核，又名杏仁体，呈杏仁状，是产生情绪、识别情绪、调节情绪以及控制学习和记忆的脑部组织。压力大时，杏仁核会分泌激素，同时带动心率加快。前额叶皮质能够控制杏仁核，帮助我们理性地看待压力。

- 海马体属于边缘系统的一部分，是我们大脑的记忆中枢，主要负责短时记忆的存储转换和定向等功能。海马体帮助我们形成新的记忆，并把经历储存在大脑中，以便需要的时候可以作为参考。

我们学到的知识以及所有的经历，都和情感交织在一起，以记忆的方式储存在大脑中。回想人生中那些重要的时刻，我们的婚礼、孩子的降生、所爱之人的逝去，或者游乐场里惊险刺激的过山车、找到第一份工作、最惬意的旅行、大学毕业典礼，以及第一次职位晋升，这些场景是不是依然历历在目？每当身处压力之中，大脑会自动联想到类似的经历，用之前的行为做参考，然后指导我们继续以同样的方式应对当前的形势。所以，那些形势严峻一点就退缩的人，面对生活中的变化，情绪也跟着大起大落，以至于最后形成固定的行为模式。相反，那些愿意接受变化，在危机中仍然保持冷静、整理信息、考虑出路的人，总能做出正确的决定，同时也能形成习惯，在大多数时候能做到临危不惧。实际上，我们其实都可以通过训练，提高自己大脑的适应能力。

那么，我们要怎么训练自己的大脑才可以提高适应力呢？首先，你需要搞清楚在哪些情况下自己会很激动，有特定的情绪和反应，然后在类似的情境中更好地控制住自己。打个比方，每当面对质疑，你的情绪总会异常低落。那就应该适当地调整自己，接纳不同的观点，同时学会咨询别人不同的想法。当然，你也可以选择让自己暂时换个环境，冷静地反思一下。总之，只要你可以学会正视别人的质疑，就能让自己的适应力得到提升。

◎ 读这本书的收获

知己知彼，百战不殆。只有了解适应力，才能更好地提升自己的适应力。也许在读这本书之前，你并没有意识到适应力原来如此重要。甚至现在，你可能还在想，这有什么大不了？有必要想办法提升吗？当然有必要，因为变化无时不在、无处不在，任你是谁也不能逃开。而且，要想应对这些变化，需要一定的策略和技巧，只有通过训练才能真正得到提升。关于如何提升适应力，我们后面还会展开讲。

人才发展专业人士在工作中，总要面对各种不同的问题，以及不期而遇的变数，这对他们的适应力来说无疑是巨大的挑战。与此同时，科学技术不断进步，学习动机和学习模式也日新月异。如果各类公司在应对变化时，都能身手敏捷，就可以和人才发展的专业人士强强联手，在助力人才发展的同时完成公司战略目标。不管是什么类型的公司，要想更具竞争力，必须在内部构建浓厚的学习氛围，带动员工的个人发展，以满足新形势下的工作要求。现在，很多公司都有专门的培训师培训、网络学习和人工智能的相关项目，但是如何从培训过渡到员工能力的提升，帮助他们更好地达成工作中的要求，还需要策略性的引导。我在和一些客户合作的过程中，都会从他们的学习策略入手，先改变个人，再改变团体。很多客户都有同样的困扰，那就是如何提高公司的领导力，我们还有相关的网络课程，可以帮助股东更好地运筹帷幄。当然，为了跟上学习发展的步伐，更好地满足客户的需求，我自己也在不断学习，随时准备迎接新的挑战。

从政府到企业，我辗转于不同的工作岗位中，需要不断适应环境。我在密歇根政府的不同部门前前后后工作了20

年，以前大部分的员工是美国黑人，而现在，我所面对的员工只有 20% 左右是黑人，这对我来说无疑是一个挑战。面对不同的文化和种族，我确实也会使用不同的策略和方法，但还是会遇到各种新情况、新变化，即要满足不同顾客的需求，要配合这些需求寻找相应的资源，要整理合理的方案去适应变化。这都让我应接不暇，只能临时做出调整。不止这些，我们的客户也多种多样。有很多国外的客户，那些对于我们来说已经习以为常的事情，对他们来说可能会十分陌生。当然也有密歇根的或者本地人才发展协会的一些项目，需要我去协调。更不用说有的客户或者项目需要正规供应商作为合作伙伴，或是要求在我们内部的自由职业网中获取信息，这些资源都是我们不具备的，还要重新想办法。于是，我从负责自己的人才发展项目跨越到周旋在各方之中。没办法，我只能硬着头皮调动所有可能的资源，千方百计咨询客户意见，甚至找第三方公司，只为了能把这些复杂的项目做好。这些工作经历，让我深刻地了解到要想更好地提升多元性、平等性和包容性，适应力是多么的重要。

面对工作中的各种问题，不管是和团队成员之间如何展开合作、使用什么样的工具来完成工作，以及怎么针对特定的少数群体，满足不断变化的培训需求，都在考验我们的适应力。不妨回想一下，最近一次在培训的过程中遇到意料之外的变化，是什么时候的事情。这种情况下，我们怎么做才能提升培训质量、选择并使用学习管理系统（LMS），同时更好地和高层股东对话，以了解公司发展的根本需求呢？适应力在这些时候总能帮到你。不仅如此，提高适应力，我们的领导能力、职业前景和工作中的人际关系都会随之变得更好。希望你在读这本书的过程中，找出个人在适应能力方面的不足，把需要提升的地方记录下来。

工作场所中每天都会有新的变化，这就要求我们重新制定学习和发展的策略，培养合格的劳动力，满足未来的市场需求。打个比方，现在各类企业、公司都开展了虚拟培训。借助网络和科技的虚拟培训逐渐成为一种常态。就在前不久，有客户委托我进行虚拟培训（VILT），把公司内部的领导力培训从会议室转移到网上。当前，全球各类公司都面临着同样的窘境，转变员工培训的方式，符合新时代的要求。

在通往数字化转型的路上，适应力事关一个企业的生死存亡，对公司整体的效益以及竞争力都有着致命的影响。那些没能顺利转型，还是依靠人实现对接的企业，很多都因为疫情关了门，剩下的也是举步维艰。还有很多公司还没有缓过来，或者正在想方设法适应新的变化，改变经营方式。

2020年的时候，我是底特律人才发展协会的会长，负责整个分部的工作。与其他的人才发展机构一样，我们致力于和其他机构、公司合作，用不同的方式完成客户的价值主张，为他们提供更好的服务，带来更多的帮助。我们和多个人才发展协会合作，以拓展业务领域、减少支出，同时提升服务质量。在虚拟网络的加持下，我们的每一步都离不开创新。与此同时，会员还能加入特定兴趣团体，参与午餐讨论，并获得更多的资源支持。我们深知，对于任何公司或者机构来说，要走出困境，必须发挥自己的适应力。

◎ 准备好了吗？一起来提高适应力吧

提高适应力的过程，其实也是个人成长的过程，我们会发现自己在生活、工作中都更加如鱼得水。书中首先从适应力的含义入手，去探索为什么在当今社会，适应力发挥着举足轻重的作用。在这一部分中，你将看到一个企业家在面临破产之后，如何凭借顽强的意志绝境逢生，扭转乾坤；也会读到一名冲浪选手是怎样克服极端环境，战胜眼前困难的。要做到这些，都离不开他们的适应力。

第二部分可谓惊险刺激，我们将学到作为人才发展专业人士，如何更好地服务客户，在培训项目中提高员工适应力。每一章节的最后，我们都需要静下心来，仔细反思。把学到的内容和自己的工作联系起来，想一想自己在哪些方面有待提高，找到促进个人发展的契机。

书中还包含很多练习，帮助我们熟悉相关的工具和模型，比如人才发展能力模型、AQ 模型、ADAPT 模型、适应力备忘单和适应力清单。这都能帮助我们进一步了解适应力、提升个人自信，在人才发展中更好地展示出自己的适应能力。希望你能用好适应力清单，以不变应万变，让自己在工作中畅通无阻。

谨记，变化无处不在，所有看似平常的东西都有继续发展的潜力。书中的知识、资源和工具可以帮助你用行动来彰显自己的适应力。在工作中，一定要合理运用我们讲到的工具，这能让你事半功倍。书中的很多地方都有自省的部分，请抓住这个机会去认识那个真实的你，给自己一片广阔的天地，去成长、学习。适应力是掌控未来的钥匙。过去，我们提到领导能力构建，首先想到的就是提高领导用人、看人、与人交往的能力，也就是我们现在所说的情商。适应力也好，逆商也罢，在工作和生活中，我们总是躲不开这个话题。还等什么，一起开始吧！

目 录
CONTENTS

第一部分
关于适应力

PART1

第一章
神奇的适应力
CHAPTER 1

　　有这么一个木匠，他在 1916 年终于拥有了梦寐以求的木材加工厂。工厂主要生产木制家具，一个个的梯子、凳子和熨衣板，慢慢拼凑出了他的梦想。可惜还不到 10 年，他的儿子有一次不小心引燃了这里。眼见着多年的心血在大火中化为灰烬，这个木匠并没有一蹶不振、怨天尤人，而是建造了一间更大的工作室。又过了 10 年左右，他失去了妻子，自己拉扯着孩子生活。与此同时，生意也越来越不景气。有了之前失火的教训，这个木匠决定重新定位，制作一些成本相对低廉的商品，于是开始生产木制玩具。这个改变不仅没给他的生活带来任何起色，还害得他濒临破产。但是这个乐观、坚毅的木匠并没有放弃，他带着一腔热忱继续投身于玩具制造，还给公司起了新的名字——"Leg-Godt"，拉丁语的意思是"玩得快乐"。这个玩具品牌就是乐高，而那个木匠就是公司创始人奥莱·柯克·克里斯蒂安森（Ole Kirk Christiansen）。正是由于他坚毅的适应力，才带领公司成为当今的行业巨头。

◎ 什么是适应力

世间所有物种都有一定的适应力，关于适应力是什么，人们已经探讨了几千年之久。实际上，早在公元前，古希腊哲学家亚里士多德和恩培多克勒就都曾提出适应力这个概念。亚里士多德认为，生物的特征和特性都会受到环境的影响。正是这些影响造就了我们的适应力。

要想了解神奇的适应力，我们先要搞清楚它到底是什么。适应力指的是我们在不同环境中应对新的变化和状况的能力。说到适应力，人们总会想到另外两个词——灵活和全能。这两个概念有所不同，灵活指的是可以根据形势，轻松做出改变的能力，而全能则强调我们多方面的能力。关于它们之间的区别，托尼·亚历山德拉（Tony Alessandra）博士和麦克尔·J.奥康纳（Michael J. O'Connor）博士在《白金法则》（*The platinum Rule*）中给出的解释非常贴切：灵活性强调的是你适应改变的心态和决心，而多功能性则强调你适应改变的能力。

根据这个解释可以看出，灵活和全能是适应力的两个重要组成部分。由此可见，不管是在生活中还是在工作中，适应力都能帮我们大忙。亚历山德拉博士和奥康纳博士不仅很好地解释了什么是适应力，还教会了我们要怎么来提高自己的适应力。毕竟，变化随时可能发生，这是我们控制不了的。但是我们可以通过改变自己，让自己更加灵活且全能，以不变应万变。

拿我自己来说，要不是10年前濒临失业，我也不会发现自己可以这么灵活机动、全能。我曾在市政府的人力资源部门工作，主要负责培训。在这期间，我被提拔了很多次。部门辉煌的时候，我曾成功完成了14000名员工的培训。但是后来由于财政紧张，培训部被撤。尽管之前我就能看出端倪，但是在这里已经兢兢业业干了15年，突然就没工作了，还是感觉打击很大。我的面前有两个选择，要么走人，要么接受自己减薪3万美元。尽管减薪后福利和职位都能保留，我还是毅然决然选择离开，下定决心找一份新工作。差不多一周后，老东家又联系了我，这一次他们给我提供了一个新的岗位，负责合同方面的事宜。虽然工资和之前一样，福利却没了。我经过反复思索接受了这个邀约，在互联网部负责人力资源信息系统（HRIS），确保该项目顺利完成。

新的工作角色，对我也有很多新的要求，我需要运用高新技术进行混合学习（简单地说，是结合各种不同的学习发展工具，综合使用多种教学模式，以一种以上的工具来设计学习发展项目，以求得到比单纯的单一模式更高的效用），要和来自不同地方、拥有不同文化背景的员工一起合作，而且还要更加关注技术方面的培训。我把这些新的挑战看作一个学习的机会，让我可以离开自己的舒适区，学习一些自己专长之外的东西。我相信自己的适应力和潜力，只要用心学，没有什么难得到我。回想起来，我并没有想到这些改变会给我的职业生涯带来转机，但这对我的适应力来说绝对是一个考验，让我知道了自己原来可以这么灵活机动、多才多艺。想要提高适应力，你也需要回头看看走过的路，从这些过往中寻找线索，想想自己今后是否能够驾驭新的改变。

◎ 感知和观点

我们的感知和观点是决定适应力的两大因素。感知指的是我们通过自己的感官，对某人、某事或者某物的认识，而观点则是指我们的主观想法。我相信，带着主观的眼镜看世界，对世界的感知肯定也会受到影响。但是事实恰恰相反，是我们的感知决定了我们的观点。

在《高效能人士的七个习惯》（*The Seven Habits of Effective People*）这本书中，作者史蒂芬·R. 柯维（Stephen R. Covey）讲述了一个小故事，生动地刻画出了感知和观点之间的不同。黑暗中，两艘战舰在海上艰难地航行，水面雾气浓重，能见度很低。信号员看到前方有光亮，想到这应该是另一艘船，正朝战舰驶过来，这样下去马上就要撞上了，后果不堪设想。信号员把这十万火急的情况汇报给了船长，船长当即下令，要求信号员向前方船只发送信号，赶紧转动船舵 20 度，以免撞上。但是对方收到信号后，不仅没有改变航线，反而要求战舰改方向。船长知道后命令信号员："告诉他们，我是船长，赶快转舵！"但是对方非但没有听他们的，还回信说："我是 2 级水手，你们快听话转舵。"船长听了怒不可遏，让信号员告诉他们这可是战舰。对方却用手电筒回复："这里是灯塔。"最后，船长改变了航道。柯维的这个故事告诉我们，范式转移是多么的重要，也就是说，我们要适当地对自己的感知进行评估和再评估，以便相应地调整观点。

通过早期在人才发展协会的经历，我更加明白了感知和观点的不同，还在政府工作的时候，主管布里奇斯（Bridges）先生鼓励我加入了人才发展协会底特律分会。这时候的我刚刚取得教育技术专业的硕士学位，正意气风发。布里奇斯先生告诉我，这不仅对我的职业生涯和人脉有很大的帮助，还能让我学到培训和发展方面一手的知识。我一向很尊重布里奇斯先生，于是听他的去开了一次会，后来顺势加入了人才发展协会底特律分会。但是正赶上单位削减开支，我的收入一时间不够支付会员费用了。本来生活就捉襟见肘，我只能退出分会，好减少花销。

过了几年，我们部门被撤，就像之前讲的我没了工作。与此同时，我对人才发展协会的认知也变了。入会对我来说不仅是一笔新的开销，更是一个可以提升自己的机会。这次我没有走开，而是选择再次加入人才发展协会底特律分会。为什么呢？审时度势之后，我认识到当前的形势已经不一样了。现实变了，认知就变了，观点也得跟着改变。

回想一下，有的时候是不是因为对某一事物产生了消极的认知，看法和观点也跟着变得不好了？如果真是这样，我们是不是可以通过提升自己的认知，也就是我们的适应力，让自己的观点积极起来呢？

- 在我看来，什么是适应力？
- 我的适应力是如何体现的？

◎ 如何应对前方的变量和困境

约翰·C.麦克斯韦尔（John C. Maxwell）的书《人生无限》（*No Limits*）中有这么一句话："成功者和失败者之间的最大区别，就是面对失败、问题和困境的时候，有着全然不同的应对方式。"每次经历困境或者变故，我们都会在脑子里编故事，然后给自己各种暗示。乐高创始人奥莱·柯克·克里斯蒂安森失败之后，本可以告诉自己木头玩具的生意根本行不通，自己肯定做不好，然后乖乖退出这一行。但是他没有轻言放弃，而是一直激励自己。面对未知的前景和频发的事故，奥莱却告诉自己要坚持。所以，重要的并不是你能想象出多么精彩绝伦的情节，而是你的故事到底是积极的，还是消极的。不经历改变我们可能永远不知道，自己有多大的潜力。

哪里有改变，哪里就有挑战和混乱，需要我们兵来将挡、水来土掩。毕竟，变化无处不在，谁也别想幸免。在工作中，我们的工作职责、工作流程和团队成员会改变，企业还会并购、生产线会更新，甚至公司都可能倒闭。在生活中，我们也在不断成长，上大学、组建自己的家庭、养育孩子，甚至可能会经历车祸，和心爱的人阴阳两隔。这些变化随时都可能发生，每个人的经历、教育水平，以及情绪状态不同，应对方式也有差异。

说到一个人的适应力，总是避不开他在困难面前会有什么样的反应。明知前路坎坷、局面失控，谁都会感到不安，甚至害怕。面对从未出现过的局面，我们也看不清事情的来龙去脉，只能凭借自己的经验，跟着感觉走。这种时候，是对个人意志力的考验。有的人会更加努力，好让自己掌握一点点的主动，有的人则选择放弃，干脆不干了。当然，还有人借这个机会，学会了放下，学会了释怀，例如试着释怀以下情况：

- 什么事情都要按部就班。

- 一切都要按照自己的意愿来。

- 自己不能掌控一切。

- 和不合适的人说再见。

- 这个工作没办法让自己高兴起来。

- 自己给自己的那些消极暗示。

想一想，有一些烦恼，是不是都是因为我们不懂释怀而自找的？我就很有体会。有一次，我按要求写了一份提案，自以为已经尽善尽美了，但是上级居然驳回了这份提案。我也担心是不是我就是做不好，写的提案永远不会得到认可，但是最后，我还是选择了释怀，不去想这些可怕的后果。释怀和放弃不一样，它是一种积极的暗示，能带来好的结果。每当变化发生，你可能总会迷茫、困惑，这个时候，请选择让自己释怀，不要去想那些让你忧虑、挫败，以及倍感压力的事情，不要让这些消极的想法打倒你。适应力提高了，有再多的变动和困难也不用害怕。

我们的适应力到底怎么样，现实是最好的试金石，你面对变动和困难有什么反应，是积极的还是消极的，最能说明一切。如果你适应力不好，很可能会产生下面这些消极的想法：

- 肯定是出什么问题了。

- 我天生不是这块料。

- 这个太难了，我可做不好。

- 我感觉这样肯定行不通。

- 这件事不可能会变好。

- 我需要别人帮助，才能想出办法来。

可以回想一下，是不是只要势态稍微失控，你就会这么想？当然，有类似的想法并不代表你的适应力不好。但如果你已经形成了固定的思维模式，总是往这些坏的方面想，那就要注意了。它们不仅在脑子里，还会跑出来影响你的一举一动，让你感觉压力满满、内心受挫、进而把自己封闭起来，越来越悲观。美国政治家布克·华盛顿（Booker Washington）曾说过："我在做任何事情之前，都相信自己可以成功；而且没工夫和那些总是为自己的失败找理由的人打交道。"身边有谁想法消极，我们总能一眼分辨出来。但是到自己这里就没那么明白了，需要有意识地引导自己，才能把思维模式转变过来。

相反，遇到问题的时候，那些适应力很强的人，往往都会朝着积极的方面去想，比如：

- 我们再想想办法，事情总会解决的。

- 我最擅长做这种事情了。

- 我肯定能想到怎么来应对这个问题。

- 我们肯定行，问题总能解决。

- 我觉得这也是一个机会，来学习一些新东西。

- 再给我点儿时间想一想，我准能想出办法来。

这么讲来，是不是适应力好的人，面对困难永远都会这么积极呢？当然不是，我在这里讲的是那些适应力好的人，都倾向于有类似的行为或者想法。他们总是能打破束缚、发散思维，也敢于离开自己的舒适区，去学习新的东西。面对多重任务，自然可以快速调整，短时间内就进入状态。

我也是因为工作中的经历，才开始认真反思自己的行为。当时我已经换了工作岗位，作为教学设计师准备为整个城市，签订一个人力资源信息系统（HRIS）的项目。我们的团队算上我一共3个人，从人力资源部门转战到这里，每天的工作充满了新鲜感，我不得不承认这与之前的工作真的很不一样。当时我们已经基本确定了一个人力资源信息系统，就差在实行之前进行外部评估。我们将所有的文件、档案、电子表格，以及承包业务的相关资料收集整理到一起，以供评估公司查阅。这个工作量可不小，之前又没有接触过类似的业务，以至于整理到最后，我整个人都有些吃不消了。

虽然这个工作看起来似乎很简单，只不过是把相关文件整理打包好，以供人查阅，但是大家都开始私下嘀咕，感觉工作又多又琐碎，有点受不了了。特别是我，之前在家待业了一段时间，还不太跟得上工作节奏，而且，我还要负责合同方面的事宜。说实话，一开始的时候我真是接受不了工作上有这么大的改变。但是转念一想，我应该好好反思一下自己，有必要负能量满满、抱怨连连吗？毕竟，这些活不是天上掉下来的，是我自己选择的。留在这里继续工作，我也可以为以后攻读博士做准备。正是出于诸多方面的考虑，我才接受了合约方面的工作。既然做了，不如积极主动一些，被动工作只会越来越累。想通这些，一切都跟着好起来了。这么看来，让自己想明白也不是件很难的事情，不是吗？

后来，我成了工作中的领头羊。不管具体工作的事项和职责是什么，我都坚持自己的工作原则。而且，在适应变化的同时，我还努力换位思考，设身处地想，如果我是这个系统的销售公司，会怎么看待这一切。难道要坐视不理，眼睁睁地看着这个项目泡汤？当然不可以，于是我就把所有的信息、文件和链接，一项一项地分类，并做了电子表格。

没想到我把资料交给经理之后，她让我去她的办公室谈谈，这是我始料未及的。我在和这些公司打交道的过程中一直勤勤恳恳，材料也是过了一遍又一遍，确定没有遗漏的，所以经理也没有什么批评我的理由，大概是要表扬我。令我吃惊的是，经理找我是有别的事情。她告诉我，政府打算和另一家公司一起开展管理方面的培训，问我有没有兴趣负责这个项目。尽管这对我来说是一个未知的领域，领导还是愿意让我来负责。从此之后，我更加重视自省。时不时地自我反思，能帮助我们检查自己的思维模式有没有问题。

◎ 适应能力商数（AQ）

既然不能阻挡改变的脚步，那么我们需要怎么做，才能让自己灵活且全能，以便利用感知和观点之间的关系，提升自己的适应力呢？这时候，就需要用到我们的适应能力商数

（AQ）了。AQ 能够检验我们是否具有上述特征，还能有效测量出我们的适应力到底处于什么水平。AQ 这个概念，是心理学家保罗·史托兹（Paul Stoltz）在 1997 年提出的，指的是挫折商或者逆商，英文是 Adeversity Quotient。我们的适应能力商数的英文是 Adaptability Quotient，英文缩写和逆商相同，却是两个不同的概念。适应能力商数和 IQ（智商）以及 EQ（情商）类似，只不过衡量的是我们的适应力。读完这本书，相信你的 AQ，也就是适应能力商数肯定会得到提高。

说到适应力，我们总会想到高新技术，有很多研究都在探讨适应力和科技之间的关系，集中在如何更好地适应科技发展的脚步。直到近几年，适应力的研究延伸到了其他领域。面对疫情的蔓延和 L&D（Learning&Development 学习与发展）的变化，商业发展和工作环境也随之改变，只留下我们一脸茫然地想着前方的变动和困难，不知该何去何从。这种关键时刻就像是分水岭，摆在各类公司面前的只有两条路，要么逃脱，要么进步。于是，从公司负责人到员工，都鼓足劲提高适应力，不仅是为了生存，更是为了发展。

随着科技的进步，很多机械的工作都被机器取代，人们越来越重视交际能力，EQ 成了人们谈论学习的焦点。但是情商离不开适应力。试想一下，如果我们跟不上变化的步伐，不能适时调整自己，置身于新的环境总是无所适从，那再会和人打交道又有什么用呢？创业投资人娜塔莉·弗拉托（Natalie Fratto）说过："适应力不仅包含领会新信息的能力，还需要我们能够解决相关问题，同时抛开过时的知识，迎接挑战、努力跟着环境做出改变。"可以说，适应力和情商一样重要。

适应的技巧和特点

要想提高我们的适应力，首先我们需要知道适应的技巧和特点分别是什么。特点是我们生来就有的天赋，而技巧则强调我们的学习能力。学习、工作、训练和辅导，可以帮助我们获得一些和适应能力相关的技能。不过，像创造力和灵活性这一类的能力，既可以与生俱来，也可以通过后天努力习得。我外甥 2 岁的时候，我发现他是个很有创造力的孩子，和他比起来，我真是差远了。所以，如果我想提升自己的创造力，就要去学习。

那么，想要获得更好的适应能力，需要哪些技巧呢？那些适应能力商数很高的人，通常都具备以下几种能力：

- 充满好奇心：迫切地想要了解、学习更多新知识。

- 善于沟通：可以通过言语、书写或者其他方式，顺畅地表达自己的想法和观点，同时理解对方所传达的知识和信息。

- 敢于创新：善于学习新知识，并运用到新的环境中。

- 干劲满满：做事的时候能有动力，有兴趣。

- 能言善辩：在解决问题和协商合作的过程中，能够积极地参与讨论。

- 善于解决问题：能够找到处理问题的方案。

- 恢复力强：可以适应变化，快速调整好状态。

- 战略思考：能从全局出发看待问题，并客观地制定相应的策略。

请思考

- 在适应力方面，我有什么技巧或者特点？
- 我要想提高自己的适应能力，应该从哪些方面着手？

　　这些适应力技巧很常见，以至于我们有的时候，都意识不到这些能力和适应力有关系。当然，你可能会觉得，我自己就敢于创新、干劲满满、恢复力强，而且还全能，这简直就是在说我啊！但是到了关键时刻，或者遇到新情况和危机，我们好像就忘了自己有这些技巧了。这一方面是因为，有的技巧虽然是我们后天可以学习的，但是和先天因素也有关系。另一方面可能和我们的认知有关，很多人其实也搞不明白适应力到底是什么。除此之外，还有人一直不太重视适应力，更没有想过这些技巧会和适应力扯上关系。如果你也曾这样，就赶快改变这个想法吧。

就像之前讲过的，技巧是可以学的，但是特点是我们与生俱来的。说到适应力的特点，我们都不陌生，因为很可能你自己就有这些特点。比如：

- 有创造性：喜欢发挥想象，创造新的东西。

- 有事业心：愿意自己创业、自己负责。

- 灵活机动：能够随机应变。

- 乐观：充满希望，总是倾向于往好的方面想。

- 积极主动：精神振奋，对未来充满期待。

- 足智多谋：能够应对困难。

- 敢于冒险：敢于尝试，不怕失败和伤痛。

- 多才多艺：能力强。

这些特点都是我们的一部分，在学习相关技巧的时候，更要结合自己的特点，发挥自己的优势。

保罗·史托兹认为，人们在工作和生活中追求的目标不同，适应力方面侧重的技能也不同。史托兹把我们的追求比作登山。借登山的故事，又将人分为 3 类：放弃者、扎营者和攀登者。

- 放弃者随遇而安、贪图安逸，只要稍有困难，就选择放弃追求，一点也不愿意努力。

- 扎营者也曾经努力，但在获得了一定的地位和成就后，他们便松懈下来，在原地安营扎寨。面对困难和逆境，还是会选择逃避。

- 攀登者不沉迷于一时的头衔或者地位，他们将人生视为长跑，不急于一时的成就，永不停止探索，追求卓越。他们在挑战和困难中学习、适应，整装待发冲向另一个高峰。

我们在攀登者身上，可以看到很多适应力方面的技巧和特点。而放弃者和扎营者，缺的不是技能，而是内心的动力。通过这个分类，就能明白在同样都具备适应力技能的员工中，哪些才是最合适的人选。在本书的第二部分"实践适应力”中，我们还会讲到这 3 类人。

◎ 评估适应能力商数（AQ）

面对意外变故，AQ 高的人会火力全开，努力创造、创新，而 AQ 低的人只会手足无措，被绝望和恐惧吞噬。所以我们要先了解自己的 AQ 在什么水平上，才能结合现状制订提升适应力的计划。建议大家在评判自己适应力的时候，要全方位、客观地思考，想一下自己在不同角色和场景中表现得怎么样，有哪些行为能彰显我们的适应能力。同时在这些情况下，你是否够灵活、够全能。扪心自问，要想更好地展示自己的灵活性和全能性，我们的认知需不需要更新，观点需不需要跟着改变。要想在行动中彰显自己的适应力技能，就必须要努力。AQ 已经成为当今人才市场制胜的关键，你本来就是可以勇攀高峰的攀登者，不要埋没自己的潜力。

第二章

适者生存：如此重要的适应力

CHAPTER2

管理学专家、教授里昂·麦金森（Leon Megginson）在1963年说过："能够生存下去的，不是生存力最强的物种，也不是最聪明的物种，而是最能适应变化的物种。"这句商场上的至理名言，听起来和达尔文所说的物竞天择、适者生存似乎如出一辙。达尔文在亚里士多德环境决定论的基础上，指出了物种的天性和生存之间紧密的关系。当然，正在读这本书的你肯定是没有生存方面的困扰。不过要是能提高适应力，就能在生活和工作中如鱼得水，更好地生存。由此可见，适应力对我们来说真的很重要。

在生死存亡的关头，我们都会怎么应对眼前的困难呢？能不能把这种适应力也带到自己的工作中？在回答之前，我们先一起来了解一下阿拉明塔·罗斯（Araminta Ross）传奇的一生。罗斯在美国军队中当过厨师、护士，是美国历史上第一位策划和领导了军事突袭的女性，也是一名杰出的黑人废奴主义运动家。生而为奴的罗斯，从小就眼睁睁看着家人被卖到不同的种植园里。有一次，年幼的罗斯被砸伤，造成她要终生忍受周期性癫痫发作后遗症。后来，罗斯改名为哈莉特·塔布曼（Harriet Tubman），她通过"地下铁路"在南卡罗来纳州解放了近 700 名奴隶，被称为"黑摩西"或"摩西祖母"。经历过多年的奴役和虐待，塔布曼没有被困难打倒，而是努力寻求改变。她具有远见卓识，敢于革新，想要打破奴隶制追求自由，而且当机立断，面对困难不屈不挠，多次返回南方带领奴隶逃亡。塔布曼面对生活中的苦难和变数，依靠自己强大的适应力坚持了下来，一步一步，走得越来越稳、越来越好。相比之下，我们的困难几乎不值一提。

虽然现在的我们并不用和塔布曼一样，用自己的生命和奴隶制抗衡，但仍然要朝着多元化、公平、包容的方向努力，拥抱工作中不同的文化和思想。疫情改变甚至颠覆了我们之前的生活，似乎突然之间，一切都变得不一样了。比如公司组织机构产生变化，相应的职位也跟着减少，有的人就要另谋出路来养家糊口了。当然，变化不仅存在于我们的工作中，世界随时随地都在发生变化。这对我们的适应力是一种极大的考验。好在，只要掌握了应对变化的技巧，哪怕工作和生活中出现再多变数，我们也能站稳脚跟。

◎ 适应力的重要性

商业环境瞬息万变，能否很好地适应，其实和我们的大脑有关。在前言部分我们讲过，大脑中有 3 个部分和我们的适应力息息相关。打个比方，你已经安排好了人才发展培训课程，但是突然得到通知员工使用的系统变更，也就是说培训方案需要修改。这个时候的你，大脑肯定在飞速运转：下一步要怎么办，工作量会不会激增，这会不会只是一个小小的调整，我有没有提前准备好应对方案……这都是典型的战斗或逃跑反应。当我们认为局面在掌控之中时，会勇敢直面眼前的变化——进入战斗模式。相反，如果我们感觉自己肯定做不了，就会进入逃跑模式。我们的大脑极具可塑性，会根据情况在不同模式中进行转换，我们也跟着审时度势，判断自己究竟是能干好这项工作，还是压根儿不是这块料。这些想法会让某些人倍感压力，他们可能很害怕，也可能很生气，甚至会有种窒息感。负面情绪会给这些人的身体造成很大的影响，引发抑郁、心脏问题或者其他疾病。但是还有的人，他们的反应却是乐观、积极的，整个人的精气神和身体状况似乎都跟着积极的情绪变得更好。美国职业压力协会研究表明，美国有近83%的员工有工作压力，而且超过75%的员工因为压力过大，健康状况欠佳。换句话说，我们如何看待变化、应对变化，决定了我们的生理状况。

我们的适应能力到底是好是坏，从行为上分析总是一览无余。你的所思所想都会通过行为表现出来。适应能力好的人，总能在自己行为的指引下，迎战眼前的局势。他们会积极地和其他人合作，同时大胆质疑、分享那些有创意的想法、给队友鼓劲，而且面对风险并不畏惧。适应能力差的人就不一样了，他们会相互抱怨、相互责备，给自己找各种借口，待在舒适区里不肯出来，甚至越来越消极怠工，还抱着老一套不肯创新。所以说，大脑不仅决定了我们能不能适应，还控制着我们的行动，进一步诠释着你的适应力。

查尔斯·都希格（Charles Duhigg）曾详细地讲述了行为如何发展成习惯，以及新习惯是怎么养成的。一旦某种行为成了常态，它就变成了习惯。都希格指出，我们的日常行为，至少有 40% 是出于习惯去做的。而且我们还会出于习惯自动做出很多选择，比如早晨起来先来杯咖啡，然后通勤上班、接电话、查邮件、开车，都不需要大脑过多过问。这么想来也是件好事，有了这些例行程序，大脑也可以稍微放松一下。所以，我们可以从自己的行为下手，看看哪里可以作为契机，帮助我们提升自己的适应能力。想一想，如果突然之间自己进入了两难境地，或者领导的想法突然有了变化，你会有什么样的反应呢？你可能会去做什么事情呢？一个适应力很好的人会不会也这么做呢？在第二部分中，我们将学到怎么样才能改变自己的习惯，提高适应力。

我们的适应力不是一成不变的，只要你愿意就可以得到提高。很多人在适应力方面，都有自己崇拜的偶像或者标杆。从那些成功的范例身上，总能得到很多启发。我心中适应能力高的代表人物，要数贝拉克·奥巴马。毕竟，只有适应力超凡的人才可以胜任美国总统。在一次采访中，奥巴马曾讲过，作为美国历史上第一位黑人总统，在当选的初期他有很多地方都要去适应。

马拉拉·优素福·扎伊（Malala Yousafzai），用自己的亲身经历，讲述了适应力对人生的引领作用。她曾在巴基斯坦公开反对禁止女孩上学的教育法令。2012 年，15 岁的马拉拉遭遇枪击，子弹打进了她的头部，在鬼门关走了一圈，她仍然没有放弃，继续为女性的受教育权力而四处奔波。2013 年，马拉拉在联合国发表了公开演讲"我站在这里，并不是为自己发声，而是为了那些已经没有办法发声的人，说出她们的诉求……当我们中的一半人遭到阻碍，就无法彻底取得成功"。凭借着革新的思想、乐观的精神和实际行动，马拉拉获得 2014 年诺贝尔和平奖，成为该奖项最年轻的得主。

正是因为一些人超强的适应能力和创新能力，我们的生活才变得如此便利。比如理查德·斯派克斯（Richard Spikes）在 1932 年发明了世界上第一台汽车自动变速器。他勇于创新，让挡位可以自动切换，提升了人们的开车体验。再想想每天早晨那杯看似平庸，又不可或缺的手冲咖啡，能让自己在咖啡的香醇中开始新的一天，我们应当感谢德国的一位家庭妇女梅丽塔·本茨（Melitta Bentz）。人们以前都是使用布料袋过滤咖啡渣，这样做，一是清洗麻烦；二是多次使用后就不卫生了，残留的咖啡渣还容易破坏口感及风味。1908 年，梅丽塔发明了能滤渣并保留醇正咖啡香的滤泡方法，影响着一百多年来的手冲咖啡界。

再回归到当下，我们的生活和工作是不是也因为一些发明创造，变得更加简单、方便呢？正是因为有一群人，他们看到了人们的需求，发现了需要完善的地方，或者认识到我们应该享有一些权力，于是去努力、去创新。这些人，都是我们的榜样，在他们身上，我们能看到适应力在闪闪发光。与此同时，我希望你能明白，我们也可以是这群人中的一员，也可以通过自己的适应力，为客户、顾客带来收益。

请思考

- 在你心目中，谁的适应力堪称模范？
- 想想身边的人，有哪些人符合我的描述，他们面对突如其来的变数都有什么样的反应？

◎ 在工作中提高适应力的重要性

事实证明，在工作中提高适应力十分重要：

- 91% 的人力资源部门负责人认为，新招募的员工应当具备应对变化和未知的能力（人才经济）。

- 67% 的公司要求员工有一定的适应力，可以通过培训习得新的技能，满足工作职能变化的需要（世界经济论坛，2018）。

- 到 2030 年，会有 50% 的职业不复存在。

- 42% 学习发展方面的专业人士认为，当今人才市场最抢手的 5 种技能中，一定包括用创造性的方法解决问题的能力，以及设计思考的能力（领英）。

从这些数据中，我们能预见在未来职场中，哪些技能将独占鳌头。相信到了 2030 年，学习发展方面的工作将和现在的完全不一样，不仅如此，各行各业也会是这样。员工不仅要应对日新月异的科技，还要适应新的工作形式。要做好这一切，关键在于一个人的适应力。

如今工作中的变化，也并不都是新型冠状病毒疫情惹的祸。这些变化和革新一直都存在，只不过是因为疫情放大了。根据福布斯新闻，疫情以来，大批公司周转困难，甚至申请破产，其中不乏一些熟悉的名字，如优势租车（Advantage Rent a Car）、边境通信（Frontier Communication）、健安喜（GNC）、杰西·潘妮（J. C. Penny）、杰克鲁（J.Crew）、尼曼（Neiman Marcus）、技软（Skillsoft）、维珍澳大利亚航空

（Virgin Australia）等。但是与此同时，亚马逊却在这期间打破了收益纪录。我想在疫情初期的那 180 天，我们每个人都在亚马逊下过单。似乎全世界的人都在网上买东西，几乎没有人去实体店购物，也没有人去旅行，很多商家自然也跟着倒闭了。全球经济因此遭受重创，毕竟，不是所有的公司和组织都能适应疫情带来的改变和冲击。不过话说回来，没有一定适应力的公司，在没有疫情的情况下照样会倒闭，比如黑莓（BlackBerry）、百视达（Blockbuster）、柯达（Kodak）、希尔斯百货（Sears）、玩具反斗城（Toys "R" Us）以及施乐（Xerox）。

如果我们再往前推，会发现很多公司都因为跟不上科技发展的步伐，最后破产。1990 年，《财富》世界 500 强排行榜中的前 20 名，有一半是石油或汽车公司。到了 2020 年，《财富》世界 500 强排行榜中的前 20 名，有一半来自医疗行业或者电子商业。石油巨头不复往日的光鲜，仅占了 2020 年排行榜的 20%。而 1990 的前 20 名中，只有 3 家公司在 2020 年的评选中屹立不倒，分别是排名第 3 的埃克森美孚公司（Exxon Mobil Corporation）、排名第 12 的福特汽车公司（Ford）和排名第 18 的美国通用汽车公司（General Motors

Company）。经济市场就是这样反复无常，弱肉强食、适者生存。适应力好的公司，一定都随时关注市场变化和客户需求，站在科技前沿，同时利用数字化技术不断优化网络。同时，公司在发展的过程中不能故步自封，只有随时关注外部市场和全球动态，才能把握商机。对于某些公司来说，运营中的问题一直都在，只不过疫情把它们放大了。

请思考

- 我们公司的适应力怎么样？具体有哪些表现呢？
- 为什么提高适应力对于个人的发展如此重要？

适应力对于公司来说，是关乎生死的大事。适应力对于个人来说，可以帮助你建立良好的声誉，成为理想的求职者。所以我们一定要把变化看作机会，找到解决问题的新方法，或者想出能够提高竞争优势的新方案。打个比方，如果你的方案能更好地促进员工之间混合协作，把在现场的和场外的工作人员联合起来，会让人对你刮目相看，而这个尊重多元文化，考虑所有人感受的你，也会得到大家的尊重。

只要我们的适应力在线，不管身处什么公司，不管是现在还是未来，都能成为行业中的佼佼者。适应力的强大作用在于，只要我们形成了习惯，面对变化和危机就能下意识地选择迎难而上，如膝跳反应一般自然。想一想，在那些关键时刻，你是怎么帮助自己的团队或者公司渡过难关的。也许是在疫情之后，你想办法协调大家居家办公，也许是你在工作之余独立承担学习和发展的项目。只要你能学会适应，那些至暗时刻，其实也是我们冲向未来的助跑器。

企业的发展也离不开企业文化的构建。一个提倡创造、创新、批判性思维的公司，自然能促进员工适应力的发展，哪怕面对再大的挑战都可以上下一心，共同应对。这就是一家公司适应能力的最佳体现。我心目中理想的工作环境应该是这个样子的，你是不是也这么想？

有着上述企业文化的公司，能吸引招纳更多的人才，企业的名望也会更好。公司的名声决定着员工的未来，和每一个人都息息相关。那些有着上述适应能力的人，不管是员工还是领导，都能在自己的职位上发光发热，引领公司的发展。由此可知，为员工构建一个积极向上的工作环境，公司才能走得更远。在视觉资本主义（Visul Capitalist）评选的全球前 20 名最具创新能力和创造能力的公司中，就包括我们熟悉的亚马逊、苹果、脸书（已更名为元宇宙 Meta）、耐克和特斯拉。可见，好的企业文化可以帮助员工成长，也能留住那些优秀的员工。竞争力强的公司文化，离不开精心的策划和运行，也不能缺少适应力。只有这样，才能应对那些始料不及的危机和挑战。

◎ 提高适应力的必要性

怎么样，讲到这里你是不是明白了，适应力对我们来说不是锦上添花的装饰，而是我们必须具备的技能。在生死攸关的时刻，我们必须要提高适应力。不论是公司发展、个人职业发展还是学习发展，都离不开适应力。工作中的变革每时每刻都在，我们的目标不仅仅是生存，而是在适应力的帮助下更好地生活。面对变化，如果你总是会进入战斗或逃跑模式，这就代表着你的适应能力商数还有待提高。好在，我们可以通过努力改变自己的适应力。古人刀耕火种、荒野求生需要适应力，我们现在要想发展、升职也离不开适应力。面对意料之外的变化，只要我们能从容应对，个人或者团队的表现自然也不会差。高压、危机、例会、面试和谈判都将不在话下。

第三章

迎难而上：提升适应力可能遇到的障碍

CHAPTER3

　　说到适应变化、坚持不懈或者克服困难，我总会想到《灵魂冲浪人》这部电影。在夏威夷的考艾岛海岸，有一名冲浪选手名叫贝瑟尼（Bethany）。有一天，13 岁的她和往常一样出海热身，却意外被虎鲨咬掉了一条胳膊。此后，贝瑟尼不管是身体还是心灵都遭受了重创。但她并没有放弃，而是凭借惊人的意志、决心，以及对冲浪的热爱，学会了用一条胳膊冲浪。少了一条胳膊，在冲浪板上想保持平衡可不是件容易事。贝瑟尼的爸爸想到了一个好办法，他发挥自己的创造力为女儿设计了一个能够防止她掉下来的冲浪板。最后，贝瑟尼终于重返赛场，并成为当地冲浪比赛的佼佼者。贝瑟尼凭借自己惊人的适应力，战胜了困难，向所有人宣布了自己的回归。

面对突如其来的问题，就算我们积极应对，也会遇到各种困难和障碍。就像贝瑟尼，她生活中的困难就是要适应一条胳膊冲浪，还要适应赛场上其他人异样的目光。与此同时，贝瑟尼也有诸多思想上的障碍，比如重返赛场、一条胳膊冲浪、在冲浪板上总是站不稳。在这一章中，我们将会讲到你眼前和心里的困难和障碍，以及你将如何迎难而上。当然，我们没有意外受伤，遇到的问题和贝瑟尼的处境更是不能相提并论，但是我相信我们的心境是一样的。在反思自己的同时，不妨先想清楚，你准备好重新踏上冲浪板了吗?

◎ 对适应力的误解

我们先来看看，人们对适应力有哪些误解。首先，你可能认为适应力只不过是个说起来很时髦的词。特别是近几年，生活似乎每天都有新的变化，适应力这个词的热度也越来越高。大概因为这个，我们才觉得这个概念只不过是一种潮流。还有很多人觉得适应力并不重要，和我们的工作表现和职业生涯的成功更是扯不上关系。讽刺的是，在现实生活中，真是有不少人因为适应力不好，在工作中屡次碰壁，职业前景一片黯淡。因此，我们都需要知道自己的适应能力商数，才能进一步评估自己的适应力技能。

还有一种误解，认为只要我们愿意适应，不管现实如何，我们都肯定可以适应。说到这，我们不得不再提起第一章中的两个概念——灵活性和全能。要知道，有灵活性、愿意去适应，和能够适应完全不是一回事。还有一些类似的错误想法，认为适应力是我们的本能，每个人都能自动适应，这种想法过于自信了。现代社会的科学技术不断发展，未来有什么变化谁也说不准，我们在适应力方面可没有那么强大的基因，要想适应，就必须努力。

你还可能觉得，在工作中，只有某些特定的时候，我们才需要适应力，比如找到新工作、换工作、换客户或者转变经营方向。这种想法是狭隘的，实际上，适应力影响着我们生活的方方面面。假设你刚开了一家公司，就遇到了难题，你会怎么做呢？因为这个放弃之前的努力，换个地方找份新工作？或者回家待着去？或者考个研究生再去读几年书？这时候，我们能否成功，就要看你的适应力怎么样。

如果你可以正确看待适应力，这些误解就不会成为你的障碍，为我们学习如何提升适应力打下一个良好的基础。

还有一个关于适应力常见的误解，就是如果我们一开始没能适应好，这注定就是一场败仗。这种说法真是大错特错了。要知道，每一次的失败都让我们离成功更近了，而且，我们还能学到很多宝贵的经验。希望读完这本书之后，你不再因为一次失败就轻言放弃。

◎ 挡在路中间的恢复力

这么说来你可能一头雾水，但是对于适应力来说，恢复力很可能是一种阻碍。可能你觉得恢复力好是一件好事，尤其是置身于新的环境之中，特别需要快速恢复到原来的状态。我们不妨一起来仔细看看，这种想法能否经得起推敲。

首先，先想想什么是恢复力：恢复力指的是我们复原的能力。很多时候，我们太过专注于回归常态，反而成了一种阻碍。还是拿疫情来说，我们都想回到没有疫情的时候；但是新的交流方式、经营模式以及高新技术的应用，使得我们只能继续向前，在工作中回到过去那种老样子是不可能的。

大到危机、变化，小到新的环境，都可能把我们引向一条新路，我们只能向前不能后退。这就好比现在，大家的手机都是智能手机，再让你用那种老式的旋转拨号电话，简直是天方夜谭。不适应变化的人终究会被淘汰。所以，适应力并不是回到过去，也不是回到我们所谓的正常状态。适应力要求我们应变能力强，可以不断进取、创造和进步。

关于人类行为方面的研究有很多，其中就包括恢复力的研究。20世纪80年代，心理学家萨尔瓦多·R.马迪（Salvatore R. Maddi）为了研究我们对压力和恢复力的看法，进行了一个实验。参与者是400名美国电话电报公司（AT&T）的前中层经理。1981年，在美国政府反垄断政策的强制干预下，公司的本地电话业务被分离出去，这些人也因此失业。研究发现，其中三分之二的人因为公司重组而一蹶不振，并且，工作中的压力让很多受访者患上了心脏病、中风、抑郁等疾病。但是另外三分之一的人却坚持了下来，甚至发展得更好了。萨尔瓦多最后得出结论，那三分之一的中层经理之所以越做越好，是因为他们用不同的心态迎战压力和挑战。由此可见，我们的心态影响着我们的生存和发展。

40 年前的教训我们不能忘记。面对变故，只有不到一半的人有韧性，不服输，所以要提高适应力，就不得不讲到一个人的心态。

◎ 不良心态和想法

一个人的行为能反映出他的心态和想法。让情绪控制着自己，我们自然发挥不好，更适应不好。正如《灵魂冲浪人》中的贝瑟尼所说："如果你在海浪冲击区倒下了，一定要赶快站起来，因为下一次冲击很快又会涌来。"西蒙·西内克（Simon Sinek）也说过："只要思维模式不受限制，就能在没有把握的局面中找到机遇。"所以，用思想去改变现状，绝对不是一句空话。

有的时候，消极的心态和思维真的会阻碍我们接受新事物。想一想，你是不是经常能听到有人说下面这些话？

- 我们就是这么做的。

- 过去 30 年里我们都这样，也没什么问题。

- 要按这个方法来，要学的也太多了。

- 跟以前一样不好吗？

- 客户早就习惯了我们的产品和服务，换了他们也不一定喜欢。

- 尝试新方案可不是个好办法。

- 就这么凑合着吧，很快业绩就能上来了。

- 这个确实是不错，但是咱们现在还是不要去尝试了。

- 别忘了某某公司后来有多惨。

- 威尔·温斯顿（Will Winston）当初也是想要尝试不一样的方案，你看他现在，难道你想和他一个下场吗？

从我初入职场到现在，这些话一直不绝于耳。说来惭愧，面对学员们新的学习需求，我也曾害怕，不敢尝试新事物、新方法，也借用过这里面的话。所以，适时的自省和自查，是我们提高适应力的关键。

我们害怕改变、失败，在恐惧的驱使下有了这些心态和想法。甚至有的时候，我们因为担心成功会给生活带来巨变，也会害怕成功。对于有的人来说，眼前的挑战让人喘不过气，根本不可能直接迎上去。

正是有了恐惧和抵抗的情绪，我们更加沉迷于自己的舒适区中，生怕一出来就要面对那些棘手的问题。实际上，舒适区中的我们正在节节败退。

◎ 领导力和企业文化

公司领导对形势的判断和主次的认知，影响着企业文化，也会对个人和公司的适应力发展造成一定的影响。一般来说，一家公司的企业文化取决于领导以及全体员工的想法、愿景以及核心价值观。想想你所就职的公司，有着什么样的企业文化。你们的企业文化是不是正好和公司的发展目标、愿景和价值观相吻合。如果你对自己的企业文化烂熟于心，证明你是个有心人。如果不知道，也不用焦虑，大多数人都一样，现在开始学习也不晚。帕特里克·兰西奥尼（Patrick Lencioni）曾说过："企业文化是公司身份的标志，也是号召全体员工努力的关键，能帮助公司在竞争之中立于不败之地。"你们公司的企业文化有哪些？有没有给予适应力足够的重视？还是仅仅把你能做的、要做的限定在条条框框里，阻碍了团队或者公司整体的适应力？

请思考

- 你们公司的任务、愿景和价值观分别是什么？
- 这里的企业文化说明了什么？
- 是有利于适应力发展还是阻碍了适应力？

正如我们刚才所说，领导层决定了企业文化的基调，一家公司是不是提倡创新、创造性思维、批判性思维，能不能尝试用不同的方法来解决问题，都和领导层有关。不管是在例会、绩效会议还是日常工作中，领导层和员工的交流，以及领导层对变化的心态和反应，都是企业文化的一部分。如果领导层面对改变总是消极应对，而且目光短浅，抓住收入流不放，从来不去想怎么进一步提高工作效率，只追求短期收益，那整个公司的文化自然会成为适应力发展的障碍。追忆过去的荣耀，强调曾经的业绩，固然能激励人心，但是这一切毕竟都过去了，不应该成为我们未来的发展目标。一家好的公司，应该立足当下，放眼未来，而不是止步不前。

适应力是一种能力，也是一种技能，公司既可以促进适应力的发展，也可能阻碍适应力的进步。如果一家公司在提高适应力方面没有明确的举措，或者相关举措不能顺利实施、贯彻，不管是因为领导层的失误还是有别的理由，都一样会损害员工、团队的适应力。

再反观那些多年以来都处于行业领头地位的公司，它们在提高适应力方面所采取的措施，有很多值得我们学习的地方。本书的第二部分，会详细讲到我们要如何提高适应力。我们也可以把它当作试金石，检验一下自己的公司在变化来临之际，适应力怎么样，还有哪些地方可以提高。我把这种提高适应力的方法称作 FAST（Flow of Adaptability Steps to Take）法，是"遵循适应力提升步骤"的英文缩写。具体方法如图 3-1 所示。仔细看一看，你们公司在适应力方面做到了哪些，又遗漏了哪些。

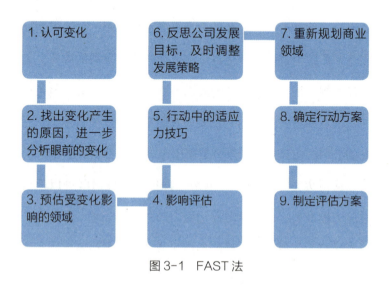

图 3-1　FAST 法

1. 首先，要承认新的变化、新的形势真的出现了。认真分析哪些变化在掌控之中，哪些变化会难以控制。

2. 找出在公司外部市场和内部运营中有什么问题。很多时候，我们需要找到变化产生的原因，以指导未来的工作、确定解决问题的方案，更好地管控风险。

3. 预估受变化影响的领域（商务运营、产品销售、服务、员工、客户、科技、基础设施等）。

4. 进一步分析变化对公司战略发展和运营目标带来的影响。

5. 寻找机遇，以创造、创新、合作、灵活性和恢复力为武器，将适应能力强的员工和所有需要的信息集合到一起，提高能效。

6. 制定决策，评估需求，确定公司愿景、任务、战略目标、价值观、运营方案和合作关系等方面需要调整的地方。

7. 确定要关闭、开启或者继续探索哪些商业领域、市场，提供哪些产品或服务。

8. 在 5M（机器、人力、材料、方法和资金）的指导下制定适应性行动方案。

9. 根据运营成果制定评估方案，并监测发展节奏。通过这一步骤，我们要搞清楚：这些步骤有效吗？效果怎么样？为什么会这样？

上述为 FAST 法的具体步骤。对于那些规模较大、业务涉及领域广的公司，还需要再加上几个步骤。另外，我们还需要根据最后一步中评估出来的结果，进一步指导我们的行动。我相信，不管是明文规定还是约定俗成，FAST 里面的某些步骤一定已经在你们公司中施行了。一家公司的适应力薄弱，一般都是在员工能力、办事效率、反应速度和领导力方面出了问题。所以我们一定要明白，公司不会因为改变的出现，而走向破产——领导层不愿意或者没能力应对改变，才是最致命的。

请思考

- 你在不自知的情况下，做过哪些影响自己适应力发展的事情？
- 在适应力方面，你之前都有哪些误解呢？
- 有没有什么事情让你分了心，进而阻碍了你的进步？为什么会这样呢？
- 你在应对挑战和阻碍时，有哪些可以改善的地方？

◎ 分心

再来说说分心这个事。这个问题相信很多人都意识到了，但是就是不愿正视。随着数字化的发展，工作场所发生了翻天覆地的变化，有太多的东西会让我们分心，想专注变得越来越难。Udemy（一家开放式在线教育网站）2018 发布的《工作场所分心报告》指出，有 61% 的员工认为工作场所的变化是导致他们分心的主要原因。我们注意力的分散程度也是有大有小。在个人层面上说，假设你正在开会，主持人没完没了，但是你心里想的却是自己晚些时候要做展示。再比如我们的手机或其他电子设备，看似无伤大雅，但又总是不停地响，提示我们有新消息、新邮件，或者软件需要更新。再从公司层面上说，如果只关注公司已经取得的成就，而不再专注于当下，对公司的长远发展来说就是头等干扰。

再打个比方，听说别人升职了，你会不会一时间受到干扰，不再专注于自己的抱负？这让你分了心，把注意力从自己如何在未来更好地发展和适应，转移到了别的地方。再比如说，你特别关注某个事项，但是却没有达到预期的结果。特别失望是不是？那你会被这种失望的情绪吞噬吗？千万要小心，现实中总有很多会阻碍我们集中注意力的人或事，它们会让我们一时间乱了阵脚。这些干扰不仅会阻碍我们的发展，还会影响我们解决问题的进程，让我们的效率变低。

◎ 如何克服适应力发展中的障碍

不管是个人还是公司，都必须直面挑战、克服障碍，才能更好地成长、适应。就个人来说，我们首先要自查一下，在变化面前究竟会想到什么。要学会释然，而不是把自己封闭起来。就工作来说，如果能排除新技术方面的障碍，员工整体效率会大大提高，可以更好地完成各种任务。就公司发展来说，领导层要营造出积极创新的企业文化，消除阻挡创造和创新的各种障碍。

面对改变，我们可能会用不同的方式去适应，但是无论如何，都不能拒绝改变，要拥抱改变。要让自己习惯生活和工作中的各种不确定，这将是一种常态，而我们必须制定像FAST法这样行之有效的应对方法，发生变化时也不会乱了阵脚。这就好比在做消防演习，哪怕有紧急情况我们也知道要怎么做，怎么逃命。

　　首先我们要做的，就是认清自己眼前的挑战和障碍。了解了这些，才能更好地做准备。但是想想我们身边的一些人，有的人明明知道自己要面对的是什么，却没有行动起来。他们之所以会这样，也是因为学习灵敏度不够高。毕竟，要想应对改变，肯定要学习新的知识，摒弃落后的想法。

　　知道了自己为什么在生活和工作中会分心、会有挫败感，让我更加明白了适应力是多么重要。要想提高适应力，需要我们时不时地进行自省和自查。希望你能从自己对挑战的认知和看法出发，找到有待提高的地方。在第二部分中，我们将学到一些有用的工具、方法和资料，掌握了这些，你就可以从容应对变化，打赢适应力这一仗。

第二部分
实践适应力

PART2

适应力在人才发展中的必要性

CHAPTER 4

"让我们帮助你用网络进行沟通吧。"随着疫情的蔓延，很多人才发展公司都在用类似的宣传，向客户推销自己的服务。这些人才发展方面的公司和专业人士并没有因为疫情歇斯底里，用邮件狂轰滥炸，而是积极应对眼前的改变。

科技的发展孕育着新的机遇。面对疫情，很多个人和公司都在：

- 应对危机。

- 因为需求改变而忙得团团转。

- 把焦点放在未来规划和决策上。

- 带着在夹缝中求生的心态，建立自身竞争优势。

● 创造机遇。

● 明确企业价值观。

只要公司还在运营，我们就必须适应后疫情时代的新形势，紧锣密鼓地让培训工作得以继续，好满足员工们线上学习的需求。很多客户都因为疫情叫停了培训项目，或者改变了培训方向。总之，没有什么还和以前一样。我们在这个阶段签订的合同，也都是针对网络培训和线上交流的。

由于疫情彻底颠覆了原来的工作模式，组织、机构反而更加关注人才发展的培训项目。未来的工作场所，肯定要有远程办公，这也要求我们在人才培训的过程中，把公司发展和高新技术相结合，制定个性化培训内容，帮助员工更好地进入学习状态。在新形势下，人才发展将何去何从？专业人士需要怎么做，才能把变化转换成机遇？答案就在这部分的内容中，等着你来学习。当然，我们还会讲到如何更好地发挥适应力，用适应力指导我们的工作和生活。

◎ 我眼中的人才发展和人才发展协会（ATD）

什么是人才发展呢？人才发展协会对这个给出了恰当的定义：人才发展指的是通过促进员工学习和发展，带动整个公司的业绩、生产力和效益。人才发展（TD）不仅是一种职业，更是一个工作领域（这个领域并不局限于一种工作，而是涉及很多工作）。所以，人才发展包含很多职业，比如教学设计师、培训师、培训协调员、助教、绩效顾问、网络学习开发员以及人才发展主任。

为了跟上变化的步伐，满足不同行业的需求，提供更好的服务，人才发展这一行业也一直在进步。就拿人才发展协会来说，作为全球最大的人才发展专业人士的协会，我们也一直跟随着时代的步伐，不断调整改进。人才发展协会到现在已经成立了 75 年，作为行业标杆，指引着无数人才发展专业人士的实践工作。2014 年，我们实现了从美国培训与发展协会（ASTD）到人才发展协会的过渡。这不仅仅是名称的变化，也体现出了协会会员工作角色的转变，是行业转型的一部分。当今的人才发展需要专家、研发者、课程设计师、程序设计师都参与进来，各司其职，这在过去的人才发展中是没有的。

　　拿我们人才发展协会底特律分会来说，协会不仅积极沟通，帮助会员认清了眼前的变化，还指导我们转变工作方式，更好地服务现在的客户和潜在客户。董事会安排了专门的研讨项目，帮助培训师、教学设计师更好地投入到自己的工作中。同时，我们对会员和其他方面都进行了调整，让整个团体更加具有包容性。我非常感谢人才发展协会，很高兴能够成为团体里的一分子。协会帮助我更好地把握住了自己的工作，我也要继续为我们分会服务。

◎ 面对工作场所的变革，我们要如何适应

　　作为人才发展专业人士，相信我们比其他人更深刻地了解工作场所经历的变革，以及我们在不同时期是如何努力去适应的。第一次工业革命和第二次世界大战，改变了当时工作场所的学习模式。从 19 世纪初开始，手工生产开始向机械生产转变，工人们必须经过培训才能学会使用机器。于是，工厂车间也成了学习的教室，在这里，一个师傅就能教出一车间的徒弟。第二次世界大战之后，大规模的培训变得

更加普遍。这些年，我们见证了市场扩张、工厂扩大、生产力增加和就业增长，这都是工作中的新变化。因此，工作场所的学习也要适应这些变化，寻找更为有效的培训方法，在降低培训成本的同时，更有针对性地为行业和个人提供指导。

综合来说，工作场所的学习和培训进一步朝着现代化的方向迈进。这其中的原因有很多。回顾过去可以发现，很多立法都促进了工作培训的发展。比如1962年美国颁布的《人力发展和训练法案》，成功地帮助工人在经济低迷的大背景下，通过训练掌握必备技能，适应了机器自动化和科技的进步。该法案的颁布，不仅控制住了失业率的增长速度，还能帮助工人掌握未来工作中的必备技能。想一想，这场疫情初期，我们的培训是不是也达到了这种效果？

很多政府机构的成立，使得工作培训变成了一种必然。比如1965年成立的美国平等就业机会委员会（EEOC），以及1971年成立的美国职业安全与健康管理局（OSHA）。这些机构通过颁布相应的法律，确定了员工在工作中的特定权利，其中就包括安全的工作环境。要想实现这些，公司领导层必须为特定领域的员工提供职业技能培训，这也促进了职业培训发展。

美国在 1990 年通过了《美国残疾人法案》(the Americans With Disabilities Act, ADA),维护了残疾人的合法权益,保障了残疾人可以和其他人一样,享有平等的就业机会。公司的各级主管、经理和员工都要学习《美国残疾人法案》。与此同时,很多组织都积极做出改变,确保残疾员工可以接受职业培训。

下面讲到的场景,相信人才发展专业人士应该都很熟悉。刚到市政工作的时候,我负责的很多文件都提到了人事处。以前的人事处已经变成了人力资源部,这不仅是名字的改变,更体现了这个部门的职能。而且,人力资源部的重点元素是"人力"。成立于 20 世纪 20 年代的人事部主要负责员工招聘、培训、补偿、评估、和投诉。随着商业市场的演变,人们关于"员工"的观点也发生了变化,员工不再仅仅是人员储备,更是决定一个公司发展的关键。

工作场所学习和培训的变化,要求我们适当地调整培训路径、教室布局、科技运用,以及受众对象。与此同时,人才培训也经历了一个从推到拉的过程。以前,公司领导在需要的时候,推动员工培训。而现在,员工培训步骤和方案早就制定好了，只要员工有需要，随时都可以把资源拉出来进行学习。刚才我们还提到了教室布局，传统一排排课桌的教室并不适合团队协作和讨论，所以需要根据需要进行调整。不管是主讲人培训，还是网络授课、虚拟教室，都是为了更好地服务客户，完成培训目标。我们的培训把传统的课堂讲授、幻灯片、网络学习和虚拟现实相结合，客户年龄跨越了整整 5 代人，既有传统主义者，也包含 Z 世代年轻人。而且和我们的团队一样，这些客户都来自不同的文化群体，这更要求我们提高适应力，让人才发展项目更好地服务于员工和公司。

◎ 人才发展专业人士的新能力

2020 年，人才发展协会在胜任模型的基础上，提出了人才发展能力模型，见图 4-1。人才发展能力模型是人才发展专业人士的职业前景。该模型明确提出了学习和发展专业人士需要具备的能力，明确了我们的工作标准，也为未来的人才发展指明了方向。人才发展能力模型指出，适应力是人才发展专业人士的基本技能。

人才发展能力模型包括23项能力，这些能力可以分成3部分：个人提升能力、专业发展能力、组织影响能力。该模型指出，人才发展专业人士在具备交往技能、组织知识、技术能力的基础上，一定要有很高的适应力。

个人提升能力	专业发展能力	组织影响能力
● 沟通	● 学习科学	● 业务洞察力
● 情商与决策	● 教学设计	● 咨询与业务伙伴
● 协作与领导力	● 培训交付与引导	● 组织发展与组织文化
● 文化意识与包容	● 技术应用	● 人才战略与管理
● 项目管理	● 知识管理	● 绩效改进
● 合规与道德行为	● 职业与领导力开发	● 变革管理
● 终身学习	● 教练	● 数据与分析
	● 效果评估	● 未来准备度

图 4-1　人才发展能力模型

经常有人通过朋友介绍找到我，他们都带着同样的疑惑——要成为人才发展专业人士，到底应该怎么做，或者下一步的计划是什么。这其中有刚毕业的大学生，正打算干这行，也有刚入行不久但看不清前路的新人，总之他们都有一个共同点，就是在人才发展方面还没有什么经验。对于这样的朋友，我力荐人才发展能力模型，这是一个非常实用的工具。我们可以参考其中的技巧和工作步骤，指导我们的实践，慢慢积累经验。也可以根据这些能力，制定行动方案。当然，这个能力模型不仅适用于新手，我们这些"老手"也需要它。它对有的人来说，可能是一个起点，对于另一些人来说，却是衡量自己工作的标准，基础不同使用起来自然也不一样。

如果你已经了解了人才发展能力模型，一定会发现，这其中并没有明确提出适应力。但是实际上，适应力又和模型中的能力有着千丝万缕的联系。比如，在个人提升能力这一领域中，包括情商和决策的能力。我们在第一部分中就讲过了，情商和决策都离不开我们的适应力。这一领域中还有终身学习，想要做到终身学习，我们一定要自我驱动，保持好奇心，而且敢于承担风险，这些都需要我们有一定的适应力。

再来看看专业发展能力领域，其中的技术应用指的就是在公司需要的时候，我们能够发挥适应力、运用相应的科学技术。而且，教学设计、引导和评估都在不同程度上需要科技的辅助。不仅如此，我们的工作要求我们紧跟科技的步伐，努力做到创新、创造、高效。

在最后一个领域——协调影响组织能力中，包含组织和业务伙伴能力，要求我们提高适应力，不断推进公司运营方式的革新。另外，协调影响组织能力中要求我们有一定的商业洞察力。这和适应力不谋而合，因为适应力要求我们能够及时发现影响产业发展的因素，找到制约公司进一步发展的根源所在。

下面，我想站在自己的角度上，讲一讲人才发展能力模型。模型中提到的 23 种能力，一定有一个或几个能力，是我们需要学习或提高的。就个人而言，我比较关注的能力包括文化意识与包容、效果评估、业务洞察力和未来准备度。因为在看到这个能力模型之前，我并没有关注自己这些方面的能力。是因为学习了这个模型，我才了解到自己哪些方面还有待提高。不管是现在还是未来，要做好人才发展，就要具备这些能力。当前，多样性和包容性（D&I），以及多样性、平等性、包容性（DEI）都是很热门的话题，这并不是一时的潮流，过一阵就不用在意了。相反，文化意识与包容能力绝对是我们必备的能力。同时，在多元化文化意识培训和员工敬业度培训中，我们必须要以提高学员文化意识与包容能力为目标，才能达到培训的效果。然而，在领导力发展项目、互助计划和员工保留计划中，我们又要怎么做，才能更好地体现文化意识与包容力呢？

说到效果评估，我们不能局限在柯氏四级培训评估模式（Kirkpatrick Model）的第三等级和第四等级之中。想一想，要怎么做才能让评估方法和策略提升一个档次，让培训计划和公司业绩能直接联系起来？

刚入行的那几年，我认为业务洞察力和未来准备度只是管理层需要注意的，和我没关系。这种想法早就过时了，业务洞察力和未来准备度对人才发展专业人士特别重要。哪怕你刚开始从事人才发展工作，也需要考虑公司发展的问题，根据实际情况判断公司未来的投资方向和赢利途径，因为这些都和你的个人利益息息相关。千万不要只关注自己的角色，要做好人才发展项目，必须培养业务洞察力和未来准备度。

我相信，看到人才发展能力模型，你一定也有自己的感悟。可能是发现了自己所欠缺的能力，也可能是找到了和自己工作挂钩的能力。不管是哪种情况，人才发展能力模型都为我们指明了学习和进步的方向。

请思考

- 作为人才发展专业人士，我通过什么方式来学习在学习和工作中需要的能力？又怎样摒弃工作中不需要的知识？
- 在人才发展实践中，我们需要在哪些领域保持前瞻性？

◎ 人才发展中的 DEI（多样性、平等性、包容性）

2020 年，我正在写这本书，也是这一年，乔治·弗洛伊德（George Floyd）因为美国明尼阿波利斯市警察的暴力执法，离开了人世。在新闻视频中，一名白人警察把弗洛伊德按倒在地，用膝盖抵住他的脖子超过 8 分钟后，就这样夺走了他的生命。乔治·弗洛伊德之死引发了全美针对社会公正、种族平等和种族歧视的抗议浪潮。这也让我不禁思考，对于个人、公司乃至整个社会来说，多样性、平等性和包容性是多么的重要。这就要求我们摒弃错误的行为，采取正当的方式，尊重、学习不同的文化，学会欣赏差异、推动合作，增进相互之间的沟通，还有最重要的——在突发变化的时候控制住自己的情绪。通过这个事件也可以看出，多样性、平等性和包容性都源自我们的适应力。

首先，让我们先来看看多样性、平等性和包容性分别指的是什么：

- 多样性指的是那些看得到的和看不到的差异，包括种族、性别、年龄、宗教信仰、性取向、民族、国籍、社会经济地位、残疾和其他社会差异。
- 包容性指的是一个友好的环境，让所有人置身其中都能觉得自己是受欢迎的、被尊重的，有归属感的。
- 平等性指的是每一个人都有权利享有同样的机会和资源。

麦肯锡研究报告（McKinsey report）指出，具有文化多元性的公司，比一般公司的利润要高36%［狄克逊·法伊尔（Dixon Fyle）等］。我们知道，作为人才发展专业人士，制定发展战略，进行不同业务领域合作，促进交流、让员工可以畅所欲言，为公司员工和领导层提供 DEI 培训，以及人才招聘多元化都是非常重要的工作。想一想，针对多样性、平等性和包容性，你在生活和工作中还有没有哪些需要提升的地方。

不管是普通员工，还是公司管理层，都知道多样性、平等性和包容性是多么的重要。每次演讲之后，都会有人来问我，怎么才能说服领导，把 DEI 作为发展中的首要任务。而且，大家都希望我能多介绍一下实现 DEI 的具体步骤、培养心理安全感的重要性，以及如何建立员工资源组（ERGs）。在边际效应的影响下，大家对于 DEI 这个话题的兴趣和关注度会越来越高，这就要求我们在人才发展的工作中，进一步提高文化意识。

◎ 人才发展专业人士必须提高适应力

从人才发展行业来看，我们随着时间的推移有了哪些变化呢？近 60 年前，马尔科姆·诺尔斯（Malcolm Knowles）在成人学习原则的基础上，提出了成人教育学。根据成人学习原则，我们需要：

- 自主学习。

- 学习内容要和自己的知识储备、生活经验有关系。

- 学习内容要能指导实践、解决问题，运用到生活中。

- 乐于学习。

- 明确学习目标和学习取向。

- 有充分的学习动机。

我们现在的人才发展要在成人学习原则的基础上，根据新科技的发展去研究发现，进行适当的调整。这些原则为我们的成长提供了支撑，让我们可以敏捷地摒弃过时的知识，重复学习有用的知识。我刚开始做教学设计和培训师的时候，有这么一个同事，他对我的很多教学方法都持有异议。他不同意让学员在教室里离开自己的座位，也不同意用游戏和玩具来互动，用来提升学习效果。初出茅庐的我是培训团队中最年轻的新手，作为晚辈，我不好妄加猜测他为什么要处处跟我反着来，但是学员对我的课程反响很好，有很多人还续报了接下来的培训，事实说明了一切。仔细想来，那位同事应该是认为职业发展培训是个不怎么开心的过程，才会看不惯我在培训中带领学员做游戏。

讽刺的是，我的这些想法并不是凭空编出来的，而是从专家那里借鉴来的。这种寓教于乐的培训方式在鲍勃·派克（Bob Pike）的《重构学习体验》、柯氏四级培训评估模式，以及人才发展协会的杂志上都有提到。我通过学习，一点一点构建出了自己的成人教育理念和成人学习原则。因此，在培训中，我希望能通过适合的方法，彰显自己的风格、专业能力和热情。其他人不同的看法并没有影响到我，因为我的目标是给员工带来创新、创意、有影响力的培训体验。为了做到这一点，我下定决心终身学习，适时调整，适应新的需求，提供更好的人才发展培训。诺尔斯的成人教育学，以及其他成人教育理论都告诉我们，学习实践要结合新的研究、新的思想，制定新的战略。

早在这场疫情之前，人才发展就像坐上了过山车，有着飞速的发展和改变。好在只要我们能跟着改变，有疫情也并不可怕。在这一章节中，我们还会讲到人才发展的其他领域，包括网络学习、虚拟化教学、远程劳动力发展、以学员为中心的培训和社会学习。要想把上述工作做好，我们首先要提高自己的适应力。

请思考

- 要怎么做才能掌握更多的技巧，更好地提高适应力？
- 要怎么做才能提升自己对科技的应用，更好地提高适应力和灵敏度？

◎ 网络学习和虚拟化教学

2003 年的时候，网络学习仅占学员学习时长的 3%，到了 2018 年，网络学习时长变成了 42%［萨格鲁（Sugrue）、里韦拉（Rivera）］。2002 年，仅有 15% 的学习方法涉及科学技术，2019 年这个数字提高了近 3 倍，有 43% 的学习需要科技平台。根据人才发展协会 2020 年发布的《行业发展报告》，在人才培训中，员工们的自主网络学习占到了 26%，其中有 19% 是虚拟课堂。根据 2020 年的最新报告，在疫情的影响下，网络学习和虚拟教学，很可能会比 2019 年多出一倍。

越来越多的公司开始为员工提供网络学习平台。员工可以选择合适的时间、合适的地点自主学习。同时，网络学习可以保存所有的学习数据，有一定的强制力。网络学习更为便捷，也更有针对性，是很多公司学习培训的首选。网络学习的好处有很多，打个比方，和传统培训项目相比，任何学习内容、主题、政策的更新都可以在后台轻松更换，不用跑到所有培训的地方一一更改。

近几年科学技术蓬勃发展，网络学习、虚拟现实和机器学习也越来越受欢迎。我们的培训需要不断提升学习体验、增加学习者的数量，同时让学员们更好地掌握学习内容，提高学习效率，以提供学习发展指标，通过培训带动公司发展。

但是，如果我们害怕科学进步，回避高新技术，不仅会影响公司的适应力和进步，还很可能让公司走向灭亡。我接触过一些组织、负责人或员工，他们认为学习新技术太难且太浪费时间了，不愿意投入其中。说实话，我第一次给汽车连手机蓝牙的时候、第一次用自动提款机的时候、第一次给家里装自动恒温器的时候，也会害怕。毕竟，这都是第一次尝试。害怕归害怕，但我们不能被恐惧打败，更何况，这些技术真的帮我们提高了效率，带来了便利。所以，请你也和我一样，大胆走出自己的舒适区，让新技术来帮助你。这些都是变化，你愿意也好，不愿意也罢，变化总会发生，我们要学着适应。

◎ 远程工作

自从疫情开始，很多公司都不得不根据现实情况，制定了远程办公的规章制度，包括如何继续工作、监督远程工作、解决员工问题、增进员工参与度和积极性，以及组织员工培训。对人才发展协会的会员来说，我们的工作方式并没有因为疫情发生什么太大的变化。毕竟，人才发展离不开网络学习，公司文化也提倡远程工作。但是我们也有很多需要适应的地方，比如例会形式、工作情况汇报，以及工作的重心都发生了改变。相比之下，我认识的一些公司领导层就没这么轻松了，突如其来的疫情让他们面临很多艰难的抉择。没多久，我们当地政府就颁布了更多规定，包括不允许人员聚集、出门戴口罩、保持社交距离等，这对他们的处境来说更是雪上加霜。但是有的人却抓住了这个机会，在形势的驱动下去适应新的商业局面。我们知道，商业限制增多，客户肯定会减少，只有创新的思维方式，高瞻远瞩的决策，才能更好地适应新的变化。

很明显，公司都需要借助高科技来满足他们人才发展的需要，而虚拟技术为大家提供了最佳解决方案。有了虚拟技术的加持，员工可以根据新的安全原则，更好地适应新的学习方式、学习系统和学习步骤，充分利用新科技。

这种时候，如果还是故步自封、不知变通，可以选择的学习方式就很有限了。就现在而言，将虚拟教学和数字化相结合，无疑是最合适的方案。2019年，我还是人才发展协会底特律分会主席的时候，协会就已经实现了虚拟教学。除了个别的活动之外，大部分都是网络研讨会。这一战略性的决定让更多会员加入了我们这个大家庭，每个项目的参与度也越来越高。当时的我们还不知道，这个战略变化能帮我们在2020年省去很多麻烦。一家公司，如果能合理使用科学技术，同时拥有包容的企业文化，鼓励员工参与数字化学习，也能和我们分会一样。由此可见，工作场所的学习事关公司的发展存亡。

随着员工培训方式的革新，我们的培训设计、课程和内容也要跟着改变，才能更好地帮助员工适应科技的发展。以前那种在公司内部宣讲培训的方式，可能很快就会成为历史。要做好人才发展，首先要做的是根据不同的角色、工作、能力、发展目标，确定员工培训主题。然后再确定培训预算，以及能够使用的科技和资源。在疫情的冲击下，我们不再需要以前的培训步骤，只要做到上述两个步骤就可以了。

以前，远程工作、虚拟会议似乎离我们很远，员工培训也并没有像现在这么依赖科技的支持。想一想，这两年我们是不是共同见证了 Zoom（多人手机云视频会议软件）、美国网讯公司（WebEx）以及万维网研讨会（GoToWebinar）的火爆，因为大家开视频会议的时候总要用到这些软件或者程序。与此同时，很多人都参与了领英的学习项目。作为公司领导，要快速确定可用的学习平台，将内部培训搬到网上，同时确保员工都能使用相关的学习平台和科技，提升培训效果。一些和我们有合作的公司，也在疫情之下，不得已做出了上述的改变。

◎ 以学员为中心的学习

科技不断进步，社会不停变革，以学员为中心的培训成为主流。科技给我们的生活带来了便利，我们自然希望工作也能这么便利。看看 BOPIS（网上下单、门店取货）的购物方式以消费者为中心，变得越来越受欢迎，里斯利指出，与往年相比，BOPIS 在 2020 年 4 月的销售总额增长了 5 倍。因为我们想要什么就可以买到什么，购物体验感也飙升。对于资源有限的公司、组织，我们鼓励员工在有限的指导下自主决定选择学习路径。在培训中以学员为中心，还有一个重要原因，那就是通过这种方式还可以帮助学员更好地使用科学技术，提高业绩。

公司在员工培训上的预算不同，可选的项目也不一样。有很多以学员为中心的录播课都是免费的，或者收费很低，很适合那些预算有限的公司，比如变化管理、冲突管理、多元化意识培养、情商提高、领导能力培训、团队建设。说到员工培训和科技发展，我总会向客户推荐网络学习、万维网研讨会（Webinar）、导师辅导博客、工作援助、播客和 TED 演讲。随着科技的进一步发展，我们还会有更多的选择。不管你的预算有多少，都能找到适合的培训方式。制订合适的计划，不断革新，我们都可以取得成功。

◎ 社会学习

你知道吗？当一个人把自己知道的和另一个同龄人分享

的时候，对整个社会的学习也会产生影响。多亏了阿尔伯特·班杜拉（Albert Bandura）的发现，我们才能认识到同伴协作的重要性。根据他的社会学习理论，人的多数行为是通过观察别人而习得的。但是阿尔伯特也指出，我们在观察别人行为的同时，必须和环境相结合才能影响我们的认知。

其实，我们还是婴儿的时候，就开始进行社会学习了。我们观察学习的例子有很多，比如播客、短视频、微课，以及其他方式，这些都算是社会学系的范畴。在课堂上，我非常喜欢和大家分享自己遇到的问题和挑战，然后一起讨论应对策略。这也是带领大家参与社会学习的方式。

你也可以通过社会学习，来提高自己的适应力。在第八章的内容中，我们还会讲到社会学习，以及怎样把社会学习和你的个人职业发展结合起来。

◎ 适应力提高小贴士

人才发展协会提出的人才发展能力模型强调了我们需要注意的领域和能力，指导着我们如何在工作中提高适应力。

在工作中发挥并提高我们的适应力，你的适应能力商数会得到大家的认同。工作中总需要我们不断适应，适应现在的形势，也要适应可能出现的情况和变化。

第五章
适应力的价值主张
CHAPTER5

查尔·狄更斯（Charles Dickens）在《双城记》的开篇中写道："这是一个最好的时代，也是一个最坏的时代；这是智慧的时代，这是愚昧的时代。"每当我们对同样的情况有了不同的看法，都喜欢引用这句话。疫情当下，这句话似乎也很应景。与此同时，这也为我们提供了锻炼自己恢复力的好机会，让我们可以通过创新、创造，发散思维，找到一条通往成功的路。如果大家都在怨天尤人，而你能看到乌云背后的彩虹，说明你真的很出众，你有自己独特的价值主张。

◎ 你的价值主张是什么

艰难的形势，对人才发展专业人士反而是一个大展拳脚的机会。我们可以通过语言把自己的价值主张表述出来，让别人看到独一无二的你。当你在向雇主介绍个人优势、向客户推销培训项目或者劝说别人购买培训服务的时候，都可以先从自己的价值主张讲起。我们会坚持下来，肯定是觉得我们做的事情是有意义的，是能带来积极结果的，并能作出一定贡献的。要是你自己都觉得自己做的事情没有意义，别人又怎么会在你这里投资呢。所以，价值主张是我们职业发展中不可或缺的战略思想。

当前正是人才发展专业人士崭露头角的好时机。面对疫情，公司领导层必须寻找更好的发展路径，才能创造价值，我们作为人才发展的推动者，也要去想怎么创造价值。吉姆·柯林斯（Jim Collins）指出"那些从优秀走向卓越的公司都知道，做你擅长的事情，只能到优秀的水平。而做那些你可能做好，而且会比其他公司都好的事情，才能引领我们走向卓越。"要做到这点，首先需要让别人了解我们的价值主张。

我们的价值源于自身特色、风格、服务、产品和对工作的热情。如果有人找你帮忙，你能在哪些方面帮到他们呢？在离开人才发展协会底特律分会主席这个职位的前一个月，我参加了一场会议。这场会议让我开始深思这个问题。那是人才发展协会芝加哥大区分会主持的研讨会，其中的一个会议议题是：明确自己的价值主张。这一地区的分会主席海沃德·萨格斯（Hayward Suggs）给在场的人出了一道难题，要怎么才能通过电梯里面的短暂交流，表达出自己的价值主张，同时又能令人印象深刻呢？要想成功做到这一点，我们首先要确定电梯里的潜在客户，有什么难题。然后针对他们的难题和困扰，问一个问题。最后，再说出自己的价值主张。

我们可以通过例子看一下具体应该怎么做。假设我的潜在客户忧心忡忡，因为他的领导思想上总是老一套，没有创造性思维。知道了他的难题，我就可以展开攻势了："有没有想过，如果你们领导也能创新一点，整个公司会发展得更好？效益也更高？大家都说我是个'潜能加速器'，我还专门针对这个在万维网上开了研讨会——主题就是'如何飞速提升适应能力'，我想我可以帮到你。这是我的联系方式，有时间可以来找我。"

说实话，在这之前我并没有意识到，把自己的价值主张表达出来原来这么重要。2019 年的那场研讨会帮助我认识到,我们必须要有自己的价值主张。如果你没有,这就是问题了。我们的价值主张就好比我们的返回点,也是我们一言一行的基础,价值主张让我们的一切努力变得有理有据。通过明确自己的价值主张,我们能让别人了解自己的价值观,以及我们能带来的影响。

作为培训师、教学设计师、项目经理、演说家,我们必须清楚地知道自己能带来什么价值,更要明白适应力在我们工作中的作用。请静下心来,花点时间把你的价值主张写下来。有的人可能把价值主张和一些流行语、口号或者时髦话混为一谈。如果你一时想不到自己的价值主张,可以通过下面的步骤写个草稿。写的时候要有标题、副标题,要分段落、有 3~5 个三级标题或者选项,还要有视觉上的提示。按照下面的步骤回答问题,这么做一定可以帮到你。

◎ 写出你的价值主张

1. 先从"为什么"开始:

- 你为何而生?

- 你的人生愿景，或者说人生目标是什么？

- 你的价值观是什么？

2. 用精准的语言定义一下你的产品、服务或者想法：

- 你能提供什么？

- 你的产品、服务或者想法是怎么发挥作用的？

3. 明确你的产品、服务或者想法能带来什么好处：

- 为什么客户会关心这些？

- 这些好处对你的客户来说有什么价值？

4. 通过量化，把这些好处讲出来：

- 客户能获得多少价值或者好处？

- 这对你有什么价值或者好处？

5. 找到客户的痛处：

- 他们现在面临着什么样的问题？

- 是什么让他们夜不能寐？

6. 把你的价值和客户的难题联系起来：

- 你要怎么做，才能帮助客户解决问题？

- 客户什么时候才能看清你的产品、服务或者想法带来的价值？你要怎么做才能让他们意识到这些？

7. 说出你和其他同行相比，竞争优势是什么：

- 为什么客户应该选择你，而不是别的同行？
- 你有什么独特的地方？

8. 制定策略，确定你要怎么把自己的价值主张表达出来：

- 你要如何向目标对象（客户或者潜在客户）推销自己的价值主张？
- 你将会用到哪种交流方式？

◎ 让适应力成为你的价值主张

讲到现在，相信你已经明白了，作为一名人才发展专业人士，价值主张是我们成功的基础。现在，让我们一起通过自己的价值主张，来评估一下自己的适应力技巧。公司、团队和学员的需求总是在变。在特殊时期，公司领导层都在为如何创造更多收益头疼，我们可以通过自己的适应力技巧，带领公司走出困境，实现我们的价值。

不妨反思一下，我们改变了自己的哪些思想、行为和常规程序，以满足人才发展中的需求？不管是识别变化、应对变化、还是说服领导层，我们都需要自己的适应力技巧。这个时候，我们的成功和失败，都取决于自己的适应能力商数。

举个例子，在这次疫情之前，我就像是个邮轮舵手，手里握着七八个订单，可以说是春风得意。其中几个还特别好，让人没办法拒绝。一般来说，6月到11月都是飓风经济，经营中会有不少危机和变数。公司领导很明白，适应能力商数高的人才就像是公司里的定海神针，能帮助公司走出阴霾。这些人面对风暴并不恐慌，而是审时度势，制订计划，同时还会测试计划是否合理，随时准备调整。他们能临危不乱，可以客观地做出决定。

当然，不管经济形势怎么样，海面风暴是大是小，邮轮总要航行。每次邮轮载客启程之前，总会进行救生演习，好让大家明白，紧急情况之下应该做些什么。据说当年泰坦尼克号本来也安排了一场救生演习，后来不知为什么取消了，最后泰坦尼克号沉没海底。所以，不管形势多么好，我们多么享受当下，也要随时准备应对危机和变化。

对于所有人才发展专业人士来说，价值主张之中必须要有适应力。我们的工作是在知识、技能、心态、行为等方面培训公司领导和员工，帮助他们更好地发展，帮助他们实现公司运营目标。但是有的时候，我们总是沉迷于过去的方式方法，不敢创新创造。总是照抄照搬以前的培训，虽说轻松，却也让我们没办法进步。你可能也在想"说起来我们是应该多探索一下，但是在现实中，我们根本没有时间去创新、改革、设计思维或者解决问题，总之是来不及在适应力方面下功夫"。实际上，不仅我们要创新，也要在培训中带动员工创新，这是我们工作的责任。想一想，你的课程设计中有没有大脑风暴、批判性思维、解决问题或者革新的环节？能不能适当地减少其他内容，好多安排一些时间进行适应力方面的培训呢？在时代的召唤下，我们必须充分利用科学技术，提升自己对于公司的价值，但是要做到这点，需要我们发挥主观能动性，去努力、去实践，而不是妄想天上掉馅饼。

请思考

- 我要怎么做，才能在我的价值主张中体现出个人的技能、经验和才华？
- 人才发展能力模型中的哪些是我所擅长的，这能否给我带来机会？

◎ 零工经济

　　工作形式、效益预期、价值主张以及自动化的共组安排都在不断发展变革，零工经济这种新业态正在席卷全球。零工经济是由工作量不多的自由职业者构成的经济领域，并利用互联网和移动技术快速匹配供需方。对于那些有一技之长的人，不一定要选择在一家公司一直耗到退休，完全可以找个零工。短期的、随叫随到的或者合同工都可以。而且，相比全职员工，很多雇主也更喜欢找短期工。根据盖洛普咨询公司（Gallup）2018 年的研究数据，大约 30% 的美国工人都是零工。而且这个数字到 2027 年还会增长 50%［德勤（Deloitte），2017］。零工经济的发展，改变了传统的雇佣模式，也迫切需要相应的法律法规来提供相关的依据，保障零工的权益。

　　当然，在有的人看来，零工经济的发展并不一定是件好事。他们这么想也无可厚非，毕竟，每个人的角度不同，对这种新的经济模式自然也有着不同的看法。至少在大部分雇主和员工看来，零工经济让工作形势变得灵活、自由，让他们都能更好地平衡自己的工作和生活。但是与此同时，零工经济也带来了许多挑战，比如权力下放、团队凝聚力下降、培训难度加大，这些都要求我们去学习、去适应。面对新形势，学习发展是帮助公司更好地管理、利用零工的最好方式。相关的培训领域就包括零工融合，帮助零工融入全职员工的团体。

◎ 你的适应能力商数

你的适应能力商数怎么样？说到适应力我们每个人都有自己的故事，但是有的好、有的坏，有的说明自己适应力高，有的说明自己适应力还需要提升。你能接受突然的变化吗？你都做了什么，能体现出自己的适应力和灵活性吗？你愿不愿意尝试新的事物，能不能接受新的思想？你有没有做过零工？或者是否想过尝试一下？可以说，我们的生活和工作，都透露出了我们的适应力。

在公司中，能够分享自己的观点、勇于尝试、同时为自己团队的发展努力拼搏，都是你适应力的体现。除此之外，我们还要抱着学无止境的心态，随时准备学习新的知识、摒弃过时的知识，重复学习有用的知识。为了更好地进行网络学习、项目管理，我经常会去学习新的工具，每一次为了更好地掌握新的信息，我也要重复学习以前的知识，或者放弃一些过时的知识。也就是说，我们要时不时地温故知新，学习也是取其精华，去其糟粕。

学习的过程就像是打猎和收集的过程。我们需要自己去积累经验、教训，寻找机会来体现自己的适应力。与此同时，我们还要积累经验，想一想自己的哪些行为能引领我们向前走，积极思考自己在变化面前都做过什么，从整体上评估自己的适应力。比如说职位的晋升、职责的增大，都说明你的适应力不错，能够从容应对变化和挑战。理清了思路，你就可以通过这些例子，来讲述出你自己关于适应力的故事了。

在写这本书的过程中，我也一直在回顾自己的过去，10年前的那次失业，以及后来换了新的职位，都对我的适应力是个不小的考验。每次遇到棘手的问题，都是创新的思维带领我走出困境。

还记得差不多20年前，我刚当上教学设计师和培训师不久，当时项目组主要负责组织职业认知与职业发展方面的会议。这类会议一般都只有100来个内部员工参加，偶尔也会有分组会议。但是当时的我并不甘心只做这些，一心想学习更多，所以定期参加不同的研讨会积累经验。任何时候，我都想着要怎么才能把新学到的内容运用到工作中，更好地完成自己的工作。没过多久，我就成了项目组的负责人。我在这个职位上干了整整 3 年，一直都把提升学员的职业认知，助力他们的职业发展作为自己的目标，每一年都要超越去年的自己。离开那里之前，我们的会议规模扩展到 300 多人，有 14 场分组会议，其分组议题涉及个人生活和职业多方面的话题，还成功组织了供应商博览会。要做到这些，离不开精心的准备、坚定的目标和超越自己的决心。

再举个例子。7 年前，我陪同一批学生去日本学习交流，在那里停留了好几周。在我看来，这是一个绝好的机会，让我可以接触不同地域的人，体验不同的文化。而且，在交流访学的过程中，两个日本市长和一个市政委员会都分别接见了我们，说不定我能找到机会和国外的领导合作。通过讲述自己适应力方面的故事，我们能够更好地了解自己、把握机会，让自己成长。

现在，再想想你的价值目标，看看你写下来的内容能不能体现出你的适应力，以及你应对变化、接受挑战的能力。

请思考

- 我需要让谁知道我的价值主张？在什么时候和他们沟通价值主张最为合适？
- 你有什么关于适应力的故事吗？
- 要想评估出自己的适应能力商数，你需要做些什么呢？

◎ 适应能力商数评估工具

"适者生存"绝对是商界的真理。所以我们一定要找到合适的工具，才能评估自己的适应能力，进一步提升自己的适应力技巧。想一想，以前你想提升自己某一方面技巧的时候，真的知道自己现在的水平吗？所以，要提升适应力，我们首先要确定自己现在的适应能力商数。毕竟，适应力不是实实在在能看到的东西，也不能通过行为习惯完全计算出来。在进行测试或者测量之后，就可以根据结果了解自己的现状，看看我们距离实现目标还差多远的距离。

评估情商的工具，相信大家都很熟悉，其实评估适应能力商数也可以用到这些工具。当然，这些工具操作起来，也是有的简单，有的困难。比较简单的就是李克特量表

（Likert scale），进行加总计分就可以。相比之下，保罗·史托兹在 2019 年提出的适应力评估要借助 4 个维度，这就要复杂多了。这 4 个维度的英文首字母缩写为 CORE，分别表示：

- 掌控力（Control）：应对变化和改善现状的能力。

- 责任感（Ownership）：对自己责任的认知以及主动改善困境的意愿度。

- 影响度（Reach）：某方面的困境对你生活其他方面的影响程度。

- 持续性（Endurance）：困境会给你带来多久的影响。

保罗指出这 4 个维度就相当于 4 项标准，和丹尼尔·戈尔曼（Daniel Goleman）提出的情商模型类似。保罗在他的书《逆商》中，还提到了其他的工具，我们可以多看一看，找到最合适自己的方法。

◎ 通往成长的道路

要做好人才发展，我们还要知道自己在这方面的价值、了解自己的身份地位。长者有的时候会教育那些自高自大的年轻人"别忘了自己是谁"。在这里我也想用这句话敲打一下书前的你，作为人才发展专业人士，希望你能时刻记住自己的职责，积极行动、放眼当下，找准员工培训的重点和难点，帮助公司发挥潜力、做好培训，同时保证学习内容紧跟工作需求，通过人才发展带动公司发展。试想一下，假如你发现公司在员工培训、业绩提升、组织发展或者适应力方面做得不够好，你是会选择坐以待毙，还是先站起来应对呢？要想让别人认可你，我们首先要够自信，把自己发现的问题说出来。要做到这一点也需要我们有一定的适应力，才能第一个站出来应对局势、解决问题，并做出决定。这样的人，走到哪里都受欢迎，特别是大环境不太好的时候，谁不想自己的团队中有这样的一员呢？我相信我就是这样，希望你也可以这样。不管在工作中遇到什么样的问题，我们都能解决、能坚持，能找出新的好点子。

由此可知，人才发展能力模型还有一个好处，就是能够帮助我们找好自己的定位，知道自己的水平。通过这个模型，我们应该对自己作为人才发展专业人士需要了解什么、做到什么烂熟于心。当然，要做好这一行还离不开我们的价值主张。在第四章中，我们讲过了成人学习理论，而人才发展能力模型也强调了成人学习理论和其他的教育学理论，要求我们用这些指导培训项目。但是，如果你都不清楚他们，又怎么会运用呢？所以，首先还是要下定决心，终身学习，不断适应、不断进步，更好地服务于员工们。千里之行，始于足下，让我们一起努力，通过人才发展能力模型，用适应力为我们的公司创造价值。我相信在这个过程中，你也会收获快乐。

第六章
构建适应性思维
CHAPTER6

　　要是问谁是你心目中电脑研发方面的先驱，大部分人都会想到史蒂夫·乔布斯（Steve Jobs）。1976 年，乔布斯和其他几个人联合创立了苹果公司。到了 1980 年，苹果的市值已经高达 100 万美元。尽管苹果越来越成功，董事会却以乔布斯决策不利，而且对公司未来规划与公司其他股东不一致为由，撤销了他的经营权，这也直接导致了他在 1985 年从苹果辞职。之所以后来大家都不再支持他，也和他当时的领导力有关系。

　　离开苹果之后，乔布斯意识到自己需要转变思想和心态。于是，他努力提高自己的领导力，学习相关技能。乔布斯认为，要想进步，就必须从自己的思想下手，才能做更好的自己。这位科技奇才在倒下之后并没有一蹶不振，而是随时准备东山再起。乔布斯一直没有放弃对未来的憧憬，更没有自暴自弃，他带着对工作的一腔热血，和自己的团队朝着共同的目标前进。正是由于这份执着，乔布斯给了那些看笑话的人当头一棒，继续谱写着辉煌。

据他自己所说，从苹果辞职是自己最正确的决定。离开苹果之后，乔布斯成立了 NeXT 公司。到了 1997 年，苹果公司收购了 NeXT，乔布斯又杀了回来。实际上，这时候的苹果处境糟透了，乔布斯的到来为其带来了希望。他一直在这里工作，帮助苹果成为全世界最具影响力的公司之一，直到 2011 年因病离开。乔布斯及时改变自己的心态、思想，客观看待自己的错误，虽然以前被迫离开，还是回来救了大家。

◎ 自我意识

在之前的内容中，我们讲到过自我意识，也知道自我意识是推动情商发展的重要元素。做人才发展的工作，我们也要转变思想，好让自己适应随时可能出现的变化和挑战。

　　要提高自我意识和适应力，可以借助乔哈里视窗（Johari Window）。大概在我刚开始做人才管理的第一年，我接到了一项任务，需要重新设计有关文化意识的课程。我就是借助乔哈里视窗的帮助，将适应力的内容加入到了课程设计中。比如增加小组讨论的问题，并且把乔哈里视窗和文化多元性结合起来，组织课堂活动，提高学员的文化意识。也就是说，我根据乔哈里视窗的理论，对常规培训进行了创新创造，同时还以文化多元性为主题设计了学习活动。

　　除了乔哈里视窗，在重新设计课程的时候，我们还需要批判性思维、合作和积极的心态。比如要通过批判性思维把练习题和培训目标结合起来，增加学员互动次数和参与次数，并根据学员们的讨论，收集反馈的信息。和一个团队的同事们相互合作、交流看法，及时和大家交流实施方案。在应对一些棘手的状况时，积极的心态也很重要，比如在互动的时候，有的学员不愿意分享，或者说了太多和主题无关的内容。每当这种时候，我都会抱着积极的心态，想办法推动培训继续。

　　不管你是团队中普通的成员还是领导层，我们对自己的认知可能和别人看到的并不相同。关于这点，乔哈里视窗帮我们找到了原因。乔哈里视窗将人际沟通的信息比作窗子，它被分为 4 个区域（如图 6-1）。很多人都没有意识到，我们对自己的看法和别人对我们的看法之间存在差异。通过增加我们对自己的了解，减少我们不了解的地方，我们不仅可以提高自我意识，还能改善人际关系。我们的目标是扩大自己的"公开区"，就像打开窗一样，帮我们提升自我意识，增进彼此之间的信任，进一步提高适应力。

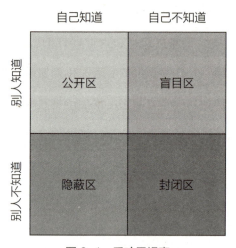

图 6-1 乔哈里视窗

让我们一起来看看这 4 个区域分别有什么含义：

1. 公开区：自己知道、别人也知道的信息，包括我们的行为、特征、动机、心态、技巧、知识。

例如：你以前开过一家公司，是一个很有创业精神的人，而且敢于承担风险。尽管最后生意失败，大家都知道你是个敢想敢做的人。

2. 盲目区：是自己不知道、别人却可能知道的盲点。

例如：你没有意识到自己的情商不高，而且说话办事不是很能抓重点。但是别人都知道，尤其是听过你上课的人。

3. 隐藏区：是自己知道、别人却可能不知道的秘密，可能是自己内心不愿意分享的想法、感受。

例如：你适应能力特别好，特别是面对逆境，临危不惧。但是你刚刚加入这个团队，所以其他成员并不了解你这方面的能力。

4. 封闭区：是自己和别人都不知道的信息。

例如：已经忘记的事情，或者你不愿意触碰的记忆。

乔哈里视窗也能帮助我们提高自己的适应力。我们可以通过下述步骤，更好地利用乔哈里视窗。

1. 努力扩大公开区，更好地和他人进行交流与合作。在这个区域中不能有猜疑、困惑、误解和其他让人分散注意力的东西，因为这些事物会阻碍我们适应力的发展，影响我们对适应力技巧的学习。

2.抱着开明的心态，问问别人对你的看法，通过大家的反馈让盲目区变小，让公开区变得更大。

3.在合适的范围内，多向和自己一起工作的人展示自己，进一步减少盲目区。比如把自己敏感、脆弱的一面，以及那些小心思、小想法说出来。

4.通过别人的反馈、个人反思和团体讨论，进一步了解自己。可以参加辅导和咨询，挖掘自己的才能，解放压抑的情感、抚平过去的创伤。

有了足够的自我意识，接下来要做的就是改变自己的心态，让自己不再害怕改变，而是积极适应改变。

◎ 改变你的心态

"你这心态真是要改改了！"有没有人和你说过这句话？你按照他们说的去做了吗？为什么呢？有句名言说得好：我们不能控制要发生的事情，但是能控制自己的心态。心态变了，就能把控变化，而不是让变化牵着你的鼻子走。

面对变化，我们的一言一行都能体现出我们的心态。想一想，遇到问题，你是会反思自己，还是等着看其他人的反馈？我们的各方面都有提高的空间，包括我们的心态。关于这点我深有体会，不管是一开始失业的时候，还是 2020 年疫情初期找工作的时候，都需要调整心态。虽然两件事之间差了将近 10 年，但是这两次我都很受打击，甚至开始质疑自己到底在做什么，我的技能、天赋和受过的教育有什么用，我的人生下一步应该怎么办。这么说起来，你可能觉得也没什么大不了的，但是当我们处在这种境遇中，要是再没有一个好心态，真的是随时都可能崩溃。想来我能够从事领导或者管理方面的工作，也是由于自己在变化面前，能够及时调整心态。

随时调整自己的心态似乎说起来很容易，但是要做起来可就难了。我们的心态受个人经历和脾气的影响，又会反过来影响我们的感受和行为。也许你会说，我的心态好着呢。但是等变化一来，我们就好像变了一个人。你有没有过因为心态不好做了错事，但是不愿意承认，还把一切归咎于当时的形势？如果有，那就说明你需要提高自己的适应力。

在《人生无限》中，马克斯韦尔指出：你的心态并不能代表你的生活，但是却能为生活设定基调。同时，他还讲到了三条真理需要我们谨记，时不时大声讲出来提醒自己：

- "我需要改变。"（我要为自己改变。）
- "我能够改变。"（我真的可以改。）
- "改变能帮到我。"（改变会为我带来好结果。）

当我们大声把它们说出来，就更加坚信这些，也更愿意去为之努力、投入。关于这一点我们之后还会讲到。

现在，我们再一起看看马克斯韦尔讲的这三条真理。要做到第一条我们不能轻易否定自己，而是先来检查一下自己的心态，看看有什么问题。在这一步骤中，我们可以发现自己哪些心态急需调整。

请思考

- 你觉得自己哪方面的心态需要调整？
- 哪些领域让你觉得很难掌控？

第二条真理帮助我们认清自己可以控制的是什么。你能够改变的东西，也一定能加以控制。拿我自己来说，我努力改变，加入人才发展协会底特律分会，考博士，而且还打算在人才发展方面从事更高的职位。当我们需要去适应的时候，不妨先想一想怎么做可以帮我们改善现在的局面。

最后一条真理关于我们对未来的憧憬。不管现实状况是好是坏，美好的憧憬总能让我们满怀期待。为什么不来一起憧憬未来呢？调整心态、大胆憧憬美好的未来吧。千万不要让现在的情况和困难干扰到你，要以未来为导向，朝着自己的憧憬努力。我知道自己想要什么，希望你也可以这样，心无旁骛朝着自己的目标前进。当然，前行的途中，肯定离不开适应力。

请回答下面的问题，反思自己要构建适应性思维，有哪些心态需要调整：

- 远离自我否定：你有什么不好的心态（比如悲观、总是往坏的方面想事情、容易怨恨）？

- 抓住自己可以把握的：在生活和工作中，你觉得哪些方面是你有能力改善的（比如可以作的决定、可以采取的行动或者可以联系的人）？

- 憧憬未来：抛开现实，在工作、事业、生意、教育、健康、家庭等方面你有什么样的憧憬？

再来聊聊控制能力。我们很大的问题，就是分不清哪些是自己能控制的，哪些是我们控制能力之外的。《宁静之祷》（*Serenity Prayer*）中有这么一句话："上帝请赐予我宁静，接受那些我无法改变的事情；给我勇气改变那些我可以改变事情；给我智慧让我看清这两者之间的差别。"

人总是想控制很多，反而平添烦恼，影响了自己的适应力。其实，我们更应该去关注自己能够控制的，而不是过度痴迷于控制自己能力范围之外的事情。要想成长，就必须正确看待身边的人和事，把握住自己能力范围之内的事情，应对好自己能力范围之外的事情。很多时候，我们都是因为自己不能控制的事情而情绪崩溃，比如别人不认同你的观点、应聘时雇主选择了别的应征者或者对方不喜欢你。

1986年，R&B 天后珍妮·杰克逊（Janet Jackson）发行了她的新专辑《把握命运》（*Control*），歌曲讲述了我们对控制力的追求。这是她的第三张个人专辑，不仅突破了她之前的风格，而且深受欢迎，为杰克逊的事业带来了又一个高峰。与此同时，这张专辑也见证了她的成长，这位光彩熠熠的巨星走出了往日的阴霾，尽情展示自己的天赋，向全世界宣布自己正在奋力向前。这为她今后打破专辑销量纪录打下了基础，她也因此影响了无数音乐人。在人才发展的工作中，我们也可以和她一样，借助良好的心态和不断完善的技能，创造自己的辉煌。想要提升控制力，最好的办法就是从问题的根源入手。站在变化的十字路口，我们面前只有两个选择，是选择进步和改变，还是继续回归平庸。

◎ 从错误和失败中吸取教训

在我看来，自己的很多失误都是因为没有发挥适应力。你可能会觉得奇怪，适应力和错误有什么关系呢。因为很多时候可能是我们没有及时适应新的变化，才出现了失误，导致最后没有取得想要的结果。我到人力资源部门刚两年的时候，经理问我愿不愿意轮岗。我是人力资源方面的培训专家，如果轮岗还是可以保留自己的头衔，但是要到 9 个不同的部门工作一段时间，以了解不同部门的职能、运营过程和学习需求。轮岗对我有不少好处，我可以：

- 试着把我们团队设计的课程带到其他领域中，看看合不合适。
- 学习新知识，积累新经验，给自己的简历增加亮点。
- 获得升职的机会。

但是当时，我还是拒绝了轮岗，因为觉得自己的工作挺好，不想有变动。回想一下，你是不是也曾和我一样，就这么放弃了一个学习的机会。其实，这也很正常，也是我们成长的一部分。在自己和别人的错误中，都能让我们吸取教训。但是光长教训可不行，我们需要适应力来支援，才能从教训中学到什么，好为下一步作打算。

打个比方，公司要使用一个新的系统，而你的团队根据这个要求，正在积极设计相关的培训课程。这个时候，一个系统更新把你搞糊涂了，要怎么办呢？哪怕你对新系统已经很熟悉了，还是可以再学习一下，比如在培训之前用系统先试一遍，看看新系统在处理任务方面有没有什么问题，或者试试帮助选项包含哪些内容，也可以提前想想员工在学习时会遇到的问题，搜集一些相关资源辅助教学，提升培训质量。相信我，这么做效果真的很棒，因为我就是通过做准备，才把培训变得不一样。不然的话，大家对新系统不明白的地方，我们也答不上来，把一群人组织到一起还有什么意义？你可能会问，这和我们的适应力有什么关系？当然有关系，适应力决定了我们在需要的时候，愿不愿意学习或者再学习。

再举个例子，你的学员和课程设计中的预想在很多方面都不一样。培训一开始，你在破冰的环节就发现培训中的一些练习不太合适。这种时候要怎么办呢？适应力高的人才发展人士，都会快速收集学员反馈、了解他们对这个新系统的理解，改变教学策略，更换教学活动。因为只有这样，才能提升教学效果，提升学习体验。如果你也是一名讲师，在工作中会不会和我一样，用自己创新创造的能力，根据学员特点定制适合他们的学习活动，好让大家更好地进入学习状态呢？当我第一次这么做的时候，教学成果惊人，每个学员的表现都特别好。根据这个例子，想一想如果是你在培训，会做些什么？回顾我们的工作，有没有什么错误，是因为自己没有主动学习造成的？

我们再来看一个例子。一名客户想为自己的员工制定网络课程，旨在通过学习如何讲好故事，提高员工的咨询能力。你作为教学设计人员，绞尽脑汁站在咨询师的角度，挖掘可能的问题，提升混合教学的质量。但是客户的第一轮反馈并不好。他们觉得这个课程形式有点老套，就像是在看幻灯片，只不过里面加上了点动画和链接。而且，客户还提出想要制作一系列的微课，这和之前的要求相比有很大的不同。你会怎么做，告诉客户时间上已经来不及做太大的变动了？还是发挥批判性思维和解决问题的能力，借助播客、白板手写动画、互动信息图、PDF 文档、电子书等一系列便捷的工具，重新制订一个学习计划呢？很多时候，我们去适应改变就是在解决问题，要做的只不过和上面的例子一样，发挥自己的批判性思维。所以，当项目突然调整的时候，我们要凭借自己的适应力，在高压环境中运用批判性思维、创造力，承担起自己的责任，积极和客户沟通。

要构建适应性思维，光从错误中学习还不够，还要在失败中成长。我之前的工作岗位，需要定期写博客和更新社交媒体平台。所有信息在发布之前我们必须要先审校一下内容和语言，才能发到网上。有那么几次，我写的东西交上去了，但是领导并不满意。说实话，当时这对我来说打击还挺大的。但是，这并不能成为让我沉沦的理由，我知道自己应该把这看成成长的机会。领导也是对事不对人，我们不会过度解读。

于是我接受了别人的意见，并按照反馈修改了内容，这一次稿件交上去之后，就顺利通过了。这也让我明白，公司在品牌推销方面的预期、我们提供的服务，和双方之间的交流，有时候是存在差距的。比如在之前的例子中，鉴于公司内部的一些调整，领导想通过培训，让员工了解如何在咨询的过程中，更好地推销自己的公司。这样一来，咨询师们在和公司以外的客户交流时，也会想办法让自己的言行和公司品牌形象挂钩。团队中的领导也选择用讲故事的方式沟通，来传达公司近期的调整和改变。在我看来，这些想法和做法都很好，所以哪怕对我的设计有质疑，我还是要努力工作，提供高质量的培训。

这对有的人来说可能很难，因为他们太过于追求完美，想要别人一开始就接受自己，或者总是认为这些矛头是指向个人的。这些错误的想法阻碍了我们的发展和表现，还很可能会让我们在适应力方面下的功夫付诸东流。当然，我也犯过类似的错误，但是现在我明白了，要适时给予自己积极的暗示。有的时候心理暗示确实很有用，可以帮我们忽视外界那些闲言碎语，把它们都当成空气。不过有的时候，如果你的心理暗示对构建适应性思维不利，也要及时叫停。

尽管我们公司对我一开始的文稿不甚满意，我还是从中看到了自己的潜力。在人才发展协会出版的《人才发展杂志》和《培训杂志》上，都刊登过我的文章。也是因为这些积累，我才开始了这本书的写作。所以，希望在一天工作结束的时候，你也能看到自己的价值，并不遗余力地展示自己。

- 工作中有没有什么失误让你得到了很多经验？请举出两个例子。
- 在工作中，有没有什么成功，是在失败的经验中取得的？请举一个例子。

◎ 相信自己，你可以

有的时候，你是不是觉得自己没有什么能力，哪都不行却赶上了好机会？如果你有这种想法，那说明你患上了冒名顶替综合征（Imposter Syndrome）。很多人都有这个问题，虽说常见，但是这种想法会扰乱我们的思维，也会阻挠我们的学习和进步，总之是让我们离成功越来越远。所以，我们要想从失败中吸取教训、构建适应性思维，就必须远离冒名顶替综合征。

《孙子兵法》有云：佚能劳之，饱能饥之，安能动之。冒名顶替综合征就像是我们的敌人，要打败他，首先就别再喂养这种错误的想法了。这种对自己不客观的认知，限制了我们的能力。拿我自己的经历举个例子，10 多年前，我接手了会议协调方面的工作。刚一上任，最先做的就是了解之前的相关工作，看看在前辈们那里有什么经验可以学习。但是那个时候的我自信心不足，对于自己第一次组织的会议，更是产生了质疑，简直是典型的冒名顶替综合征。其实，这次的会议一共有 300 来人莅临现场，除了主会议外，还有多个分会议题，不仅规模大，而且反响也好。对于有冒名顶替综合征的人来说，对成功的界定和认识反而成了自己成长路上的绊脚石。有研究发现，在不同的公司和产业中，大概有82% 的人有冒名顶替综合征。

我发现，冒名顶替综合征发作的时候，我们可以通过追忆往昔，回顾过去取得的成就，来抵挡自己的消极认知。除此之外，我们还要反思，到底为什么觉得自己的成功不是理所应得的——我总是提醒自己，要做自己的冠军，而不是一味地批判自己。我会告诉自己，是我的表现、动用的关系和决心创造了这些机会，我值得拥有这些。当然，这只是我的做法，仅供参考。每个人对付冒名顶替综合征用到的方法并不一样。但是，如果你发现自己也有这个问题，一定要想办法改变，同时及时确定你的方法是否真的有效果。效果不好就赶快换个方法，好调整思维方式，让自己知道这些都是你通过努力赢来的。战胜了自己的冒名顶替综合征之后，我才发现了自己的潜力，也终于可以拍着胸脯告诉自己，这是自己应得的。

最后，还希望你能明白，我们的过去并不应该只有我们自己知道。如果你能把自己的想法说出来，说不定可以帮到周围的人、你的团队甚至他们认识的人。让大家都能提高、成长。如果你发现别人有好点子，我们也要助人一臂之力，帮他把想法说出来。有一次，我发现一名同事有很不错的想法，就一直鼓励她分享出来。但是她可能大胆提议过，没有取得理想的结果，所以现在非常迟疑，宁愿什么都不说，也不想自己的建议遭到拒绝。这种想法实在是缺乏适应性思维。

讲到这里，你肯定也发现了，在变化面前是赢是输，取决于我们的思维和心态。所以，要想成功，先要把心态和思想都调整好。否则，就已经输了一半。现实中很多人都败给了自己的心态和想法。只有经历变化，我们才能真正知道自己是什么样子，到底有多大的潜力。记住，思维模式就像是我们的车钥匙，设定好了才能带我们翻越障碍，畅通驰骋。我们能否构建适应性思维，关键还是看自己到底想不想这样。这种时候，对未来的期待和憧憬总能带来积极的结果。一定要告诉自己：别害怕、去憧憬，我们将一路向前。

第七章
迎接挑战
CHAPTER7

　　我读博的时候，曾去夏威夷的珍珠港游览，当时正赶上珍珠港遇袭周年祭。遭受日军空袭之后，这里大批的伤者都被送到了海军医院。面对满屋的伤员，医生告诉一名护士，让她在病患额头上做上标记，好区分哪些人已经得到医治，而哪些人还在等待帮助。伤员不断涌入，记号笔不够用了，这名护士就用自己的口红做标记。这个小故事告诉我们，在不得已的变化前，我们要尽快适应、果断决策。有的人通过自己的创新改写了历史，我们为什么不可以呢？敢不敢创新，也能体现出我们的适应力。

　　有着适应性思维的人，不会惧怕挑战，在他们看来，挑战是自己进步、创新的机会。对待挑战的态度，决定了我们的适应力是强是弱，也关乎我们的成长和进步。所以，在挑战面前，一定要构建自己的适应性思维。想一想，每天和你朝夕相处的同事们，都是怎么评价你的适应力呢？在他们看来，你能不能很好地应对挑战？我们在生活和工作中，总不会一帆风顺，挑战随时都在。它可能是一个难缠的客户、一个突然的变动、一个被拒的提案，甚至一项新的职责。面对这些，你是勇敢迎上去？还是掉头就跑？

◎ 为什么要迎接挑战

在学习和发展的过程中，变化似乎是一种常态。作为人才发展专业人士，面对经济危机、科技变革以及不确定的未来，我们必须具备极强的适应能力，才能从容不迫、站住脚跟。不妨反思一下，你设计的课程、使用的学习工具、提出的想法，够不够有创意？能不能彰显你的实力？我们的适应力够好吗？能带来积极的影响吗？

不管你在人才发展中充当的是教学设计师、培训师、引导师、学习顾问、人事专员、媒体开发员、项目经理还是培训主管，都要有打破常规的勇气，敢于当一个破坏王。因为有的时候，破坏的同时还伴随着革新和进步。破坏王从不中规中矩，而是另辟蹊径，寻找更为广阔的天地。我们在第三章讲到过，要勇于走出舒适区，抛弃传统方法，才能突破限制，产生新的想法，从而找到更适合自己的方法和途径，走上属于自己的路。要是我们总是墨守成规，照抄照搬同一个方法，永远没有办法突破。

很多人都害怕危机，但不可否认的是，这对人才发展专业人士来说也是一个机会，让我们可以发现问题、解决问题。打破常规、创新创造，是成长和进步的捷径，也正是学习发展中不可多得的品质。所以，从现在这一刻起，我们要有意识地转变自己的想法，打破思想的禁锢，迎接工作中的挑战。

◎ 应对未知

应对未知，就是要求我们离开自己的舒适区。当然，这话说起来容易，要做到确实很难。毕竟，我们都不愿意去当出头鸟，第一个站出来。但是在人群里人云亦云的同时，思想也被束缚住了。要勇于当一个"破坏王"，才能推陈出新，而不是拾人牙慧、步人后尘。有的人怕出头，不敢把自己的真实想法说出来，反而让自己止步不前，只能把机会拱手奉上。富有冒险精神，才敢踏上未知的征程。打个比方，在团队中，我们要时刻提醒自己，及时把想法表达出来。不要因为害怕，一味地附和别人，掩饰真实的自己，这样做反而阻碍了适应力的发展。就像我们之前讲到的，要提高适应力，首先要发挥主观能动性。

大家的适应力都有待提高，也和整体的大环境有关。虽然适应力很重要，但是很多公司却忽视了这方面的培训。员工培训的主题大都集中在公文写作、消费者服务、文化多元性、情商、领导力、时间管理等方面。因为乍一看，这些似乎和工作的联系更加密切。所以，要改变这种现状，公司领导需要先转变观念，重视和支持适应力的培养，比如在培训中增加有关适应力的课程、鼓励员工打破常规，而且自己也要起到带头作用，勇于接受新鲜事物和想法。

我们总是待在自己的舒适区，不敢迈出向前的一步，让适应力大展身手，也可能是因为时间上不允许。没错，我们需要一定的时间，才能创新创造、产生新的想法，随之展开新的冒险。在你的日程表里，一定也要有一部分时间，是留给适应力的。我们需要时间适应，才能调整个人心态、思想和行为，提升工作表现。总之，要想提高适应力，不能吝惜自己的时间。

请思考

- 你是如何迎接挑战的？
- 能不能举例说明，你的适应力到底处于什么水平？

◎ 创新和混乱

不管是指南针、汽车、飞机还是电话，这些发明创造都在用科技改变着我们的生活和工作。曾几何时，人们想要辨别方向只能看太阳、找星星，谁也想不到还能有指南针这种东西。曾几何时，"飞"出去旅行，说起来就是天方夜谭。发明家坚持不懈的努力和对科学无限追求的热情，不仅推动了科技的进步和人类的发展，也给我们的出行和工作带来了便利。时代的脚步从不停歇，人类当代的发明也将改变未来的生活和工作。这仿佛向我们敲响了警钟，一定要提前准备好，随时应对工作中出现的变革。

那么，我们要怎么做才能打破旧的行为方式，找到新的方法，更好地完成任务，实现目标呢？首先，我们要明白——培训内容和学习方法是不停变化的。很多公司的员工培训也都转换了模式，都从以前不停地灌输知识，规定员工去学习，到现在员工随时可以进入培训系统，自己找合适的时间学习。我们可以抓住这个机会，帮助公司摒弃过时的培训模式，找到适合自己的人才发展路径，根据现实情况满足员工的学习需求。在创新的同时，还能提高我们的适应力，何乐而不为呢？这么说来，你和自己的团队有没有完成这些任务？随时谨记你想要的培训结果，再仔细推敲制定的培训方案，看看还有没有更好的培训策略、应用软件和教学过程，需不需要重新设计教学步骤。

适应力怎么样，很大程度上取决于我们对待科技的态度，要知道，科技是为我们服务的，不是来找麻烦的。你是这么想的吗？新技术在你的眼里到底是朋友还是敌人？如果你把科技看作敌人，那真的要先转变自己的想法。毕竟，科学技术影响着培训计划的实施。我们已经讲过，在虚拟课堂中，还用以前教室里的那些老方法早就行不通了。和培训一起改变的还有会议形式，各种网络会议的相关工具都为我们带来了极大的便利，让我们可以更好地相互合作、记笔记、分享文件。但要想利用好这些，前提是我们知道怎么参与网络会议，熟悉相关的软件和工具。

现如今，网络平台已经逐渐取代了会议室。各种网络学习工具都在不断地更新，让我们的学习变得更加便捷。比如网络学习工具 Articulate Rise，不仅使用方便，还能够帮我们制作高质量的学习课件。再比如，过去客户公司会根据不同员工的职责，寻找统一的学习管理系统，进行员工培训。未来，我们的学习系统可以通过员工的行为、工作表现、教育信息以及负责的岗位和职责，制定专门的学习途径，而且培训的全程都有机器人助教，随时准备解答问题。

科学技术的进步，极大地推动了培训设计的进步与发展。培训设计是人才发展的重要领域，在虚拟现实、增强现实和人工智能技术的加持下，培训设计的方法论与之前完全不一样了。教学设计要能体现出经验学习，增加生活中的场景和实例，帮助学员活学活用。这样一来，在工作中遇到类似的情况，员工都可以从容应对。除了培训设计，学习指标和学习分析的统计也因为新的技术变得更加快捷。科学技术能快速统计培训数据并找到其中的规律，形成数据分析。这不仅能帮助领导层更好地进行决策，还能指导人才发展的实践。举个例子，数据可视化（BI 商业智能）技术通过数据分析，可以制作商业智能仪表盘，将学员的培训完成情况和学习状况全都展示出来，这比之前我们根据原始数据做个饼状图，然后插入到课件中要强多了。这些可视数据可以进一步指导培训，帮助我们发现教学设计中的问题，进行适当的调整，从而优化公司的培训项目组合。这都是科技为我们带来的便利，让我们在短时间内可以掌握一手数据。学习分析从一个图表，变成了多个全方位的图表，我们也可以借助这些详细的数据，及时解答领导、团队成员的各种问题。

如果想要发挥适应力、抓住机会，必须要改变自己对科技的看法。

疫情解封之后，办公室的设计也变得不一样了，很多公司都在积极改造室内场景，好让办公场所满足疫情防控要求。安全防疫要求包括保持社交距离、防止人员聚集，防疫常态化也进一步指导着我们的工作，要求我们适应改变。这种时候，人才灵敏度变得至关重要。人才发展专业人士也要及时转换培训方法，根据不同的工作方式——线下工作以及线上线下混合式工作，制订相应的培训计划。同时，科学技术在工作中的应用变得更加广泛，员工安全、工作学习、组织交流、工作场所和工作方式都有了新的变化。随着各行各业逐渐复产复工，很多工作可能还是需要远程操作。员工不仅要学习新的工作和沟通方式，还要在思想上和情绪上积极适应新的变化。

随着工作场所的变化，远程办公变得越来越普遍，人们在工作中的沟通方式也不一样了。哪怕这家公司以前都是用电子邮件、简讯和内部网络沟通，也需进一步加强科技的适用范围，通过社交媒体、博客、媒体新闻稿、网络视频、调查等方式，促进各个层面的交流。可供选择的程序、平台有很多，比如 Slack 聊天群组、环聊（Google hangout），以及微软开发的职能团队协作工具，都可以打破距离的限制，帮助员工和团队畅快地沟通。这一类的程序还有实时发帖、文件信息共享、话题讨论等功能，在交流的同时又促进了成员之间的协作。通过人才发展协会举办的一些活动，我了解到了不少帮助团体内部进行合作沟通的工具，并根据大家的推荐专门体验过。能够顺应时代潮流使用新程序、新工具，都是公司适应能力高的表现。

我们在提升自己适应力的同时，也为整个团队和公司的適应力提升贡献了自己的力量。人才发展专业人士，要充分利用公司提供的沟通工具和沟通方法，加强同事间的协作、进一步挖掘相关商业领域中的知识、在公司中建立自己的关系网、辅助员工培训、分享学习资源，从而增强自己的人际交流能力。做好了这些，你会发现自己的适应力又提升了。

◎ DIAL：诊断、想象、分析、利用

读研究生的时候，我参与设计了一个项目管理研讨会。说实话，我也没有想到自己能在这段时间能成功规划出员工识别系统、项目启动会议，以及员工倡议会。当时，我们分会内部还没有项目管理方面的培训，于是我抓住了这个机会，成功开启了项目管理课程。学校的这个项目不仅指导了我的论文研究，还推动了我的工作实践，可以说是一箭双雕。曾经的我没有意识到，这次的经历为我今后的发展奠定了基础。想一想，当机会来临之际，你能不能好好把握，贡献自己的智慧、分享自己的想法？一定要发挥主观能动性，让自己成为项目中关键的一环。不管你想到的是什么，一个学习程序、一个可以改善过程的想法、一个可供参考的技术

平台或是一种新的学习策略都可以，只要和培训项目和公司发展挂钩，都要主动提出来。当然，我们还要从现实出发，明确公司发展目标和现状之间的差距到底有多大，从而制定可行的行动步骤，实现发展目标。你的每一次努力、每一次尝试，都可以写到自己的简历或求职信里，也可以在面试的时候讲出来。这都是可以给我们加分的亮点，用事实说话，证明你的适应力。

能不能勇于创新、敢不敢主动提出自己的想法，也体现了我们的适应力。每当感觉有事情要发生，我都会使用DIAL 法，给自己的适应力致上一电。DIAL 在英语中是打电话的意思，在这里，我把它称作适应力通话法。DIAL 的每个字母分别有不同的含义：

- D（Diagnose，诊断）诊断有什么问题、差距，或者有待提升的地方。

- I（Imagine，想象）想象问题都解决了，未来是多么的美好。

- A（Analyze，分析）仔细分析如果想要缩小差距、改善现状需要哪些技巧、资源，需要投入多少时间。

- L（Leverage，利用）充分利用自己的技巧、能力和资源，形成解决方案。

每当有新变化、新情况，我都会使用 DIAL 法。

下面，我们仔细来分析一下 DIAL 模型的各个步骤。第一步是问题诊断。在这一步中我们要致力于搞明白问题出在哪，然后才能采取行动。你全副武装准备要解决问题或者缩小差距，是因为少些什么，还是因为有什么地方需要改善？第二步是花时间想象一下问题都解决了、差距都缩小了、不合适的地方都变好了，一切将变得那么完美。第三步要分析有哪些你能调动的力量。在这一步骤中，我们需要反思自己所掌握的资源，包括你的技巧、能力，或者人脉、关系，看看哪些能帮到我们。第四步要充分利用上一步总结出来的资源，达成我们的目标。前 3 个步骤准备得越好，最后一步就越轻松，我们离目标也就越近。当然，纸上得来终觉浅，我们还是要通过实践才能更好地掌握 DIAL 模型，提升自己的适应力。

学习新的内容之前，我们先一起通过例子来看一下，怎么运用 DIAL 模型。你可以把最近的某件事，带入到 DIAL 模型的 4 个步骤中，完成图 7-1 的练习。后续还会讲到不同的模型，或是能帮我们解决问题，或是能够辅助培训设计。

但是在我看，只有 DIAL 模型和我们个人的成长最为挂钩。它并不要求我们摒弃什么，而是告诉我们怎么让自己做得更好。如果你想提升自己在工作中的表现，强烈推荐你从应用 DIAL 模型开始。具体实践方法如下：

- 首先诊断现状到底是什么状况。

- 在想象未来的同时，我们可以打开思路创造、创新，窥测出未来的走向。

- 分析在解决问题、缩小差距或者改善现状的过程中，有哪些可行的方案或者能帮上忙的资源。

- 通过最后一个步骤，把想象变成现实。

D 诊断有什么问题、差距，或者有待提升的地方。

_____

I 想象问题都解决以后的场景。

_____

A 仔细分析如果想要缩小差距、改善现状需要哪些技巧、资源，需要投入多少时间。

_____

L 充分利用自己的技巧、能力和资源，形成解决方案。

_____

图 7-1　适应力 DIAL 练习

很多时候，机会就在面前，需要我们发挥适应力去抓住它，可是我们自己却没有意识到。静下心来仔细想一想，你有没有把新学到的知识运用到工作中？会不会有事没事联系一下自己的朋友或者同事，交流一下各自的想法？为了改变现状、解决问题，你都做过什么努力？敢不敢打破常规、冲破束缚？从答案中，就能看出你面对新危机、新状况和新变化的时候，会有什么样的反应。

我们要怎么做，才能更好地运用适应力 DIAL 模型，在工作中发挥适应力？

之前讲过，我在市政部门工作的时候，考取了在职研究生。这时候的我根据自己的毕业论文，把研究理论和成果带到了工作中，同时根据实践中积累的经验和真实数据，进一步支撑论文研究。通过研究，我在部门内部开设了一个以项目管理为主题的多日研讨会，详细展开介绍一个项目从开始到结束的全过程。这不仅帮我顺利毕业，还丰富了政府部门的培训课程，造就了双赢的局面。

当时，我就是在适应力 DIAL 模型的驱动下，才鼓起勇气向培训经理讲出自己的想法。事实上，我们确实没有项目管理方面的课程（DIAL 模型第一步），在这方面还有很大的发展空间。说到这里，我必须要感谢我的导师，谢谢他一直以来对我的鼓励，还有传授给我的智慧，正是导师让我知道了什么是项目管理，看似简单的内容却涉及多个部门的不同工作岗位，在人才发展中有着举足轻重的作用。接下来，我想象学会了管理的基本知识，对相关人员将会有多么大的帮助，他们在项目实施过程中能有更好的工作表现、更完善的项目计划和更优异的成果。与此同时，他们的自信心也会跟着提高（DIAL 模型第二步）。接下来，我仔细分析了自己在读研究生的过程中学到的相关知识，比如课程设计，还认真分析了工作和学习中，有哪些资源可以帮到我（DIAL 模型第三步）。最后，我把自己在项目管理等方面学到的知识，和在网络、学校和工作中积累的资源相结合完成了我的论文设计。最后的项目管理培训，也让上千名员工从中受益（DIAL 模型第四步）。这个项目的成功开启，让我干劲十足。我能做到的，你也可以。希望你能通过 DIAL 模型，收获自己想要的成果，不一定要拘泥于我这种形式。

在使用适应力 DIAL 模型的时候，多想想自己的努力带来的好处。你提供的新想法不仅能帮到公司，还能提高自己的适应力。试想一下，如果我们在发展适应力的过程中，为自己的公司解决了问题，这对整个团体和你个人有多大的益处。并不是所有公司的文化都提倡创新创造。如果公司比较保守，我们发挥主观能动的时候可能也会有诸多顾虑。我们在第一章中学习过，这些顾虑影响了很多人，让他们不再努力提高自己的适应力。所以，很多时候我们的一言一行，其实反映出了整个公司的文化，以及公司对适应力的重视程度。外部条件我们没办法改变，但是要不要用 DIAL 模型发展自己的适应力，主动权在你手里。

培训设计应该从员工的需求出发，帮助他们学习到那些在工作急需用到，但是自己却没有途径学到的技能和知识。大部分的人才发展专业人士，也需要一些指点和帮助，才能搞清楚怎么才能让自己发展得更好。员工也是一样，很多时候可能他们自己都不知道到底需要学些什么。这种情况下，我们首先要提升领导层的人才灵敏度，才能带动内部员工一起朝着积极的方向发展。谈到技能发展，大多数员工都更加关注和自己现在所从事的工作紧密相关的领域，或者要得到升职的机会，需要掌握哪些技能，但是很少有人未雨绸缪，结合工作场所中的变化，为未来做打算。实际上，我们迫切需要的技能，在之前的内容中都讲过了，这些技能不仅顺应时代的发展，还能帮我们提高适应力。它们是：创新创造的能力，学习新知识、摒弃旧知识、不断学习的能力，灵活性和多才多艺，以及解决问题的能力。不仅我们要提高自己的适应力，还要通过培训，提高员工的适应力。

在认识适应力、提升适应力的初级阶段，可以借助ADAPT 这个方法：

- 评估（Assess）：根据你应对困境时的效率和表现，评估自己的适应力水平，以及你到底有多么迫切地想要提高适应力。即整体评价一下我们的适应能力商数。

- 决定（Determine）：根据上一步的评估结果，你需要学习哪些技巧来提高自己的适应力。一定要搞清楚自己的问题、压力、面对的改变和承担的责任都有哪些。这样才能有效提高适应能力商数。做好这些工作，我们就可以根据自己的情况，找到适合自己的发展目标。

- 分析（Analyze）：分析要提高适应能力商数，可以利用的内、外部资源都有哪些。有很多免费的培训课程可供我们选择，比如网络慕课（MOOCs）、实践团队或者其他的共享资源，除此之外我们还可以借助培训、播客、TED 演讲、工作援助、微课等不同的方式和平台，发展自己的适应力。

● 准备（Prepare）：制订计划，把你要怎么做来达成目标，并评估成果都写下来。你可以根据前 3 个步骤（评估、决定、分析）的发现来制订具体的计划。谁来做、做什么、什么时候做、怎么做都要大致写出来。同时，在我们的计划中，还要包括对结果的评估。

● 行动（Take action）：根据我们制订的计划，寻找可以提高适应能力商数的培训课程。网络学习、学术文章、播客、相关书籍、视频、博客和学习案例都可以帮到我们。

在第八章中，我们还会讲到很多提升适应力的技巧。

员工的适应力在哪些地方有所欠缺，就要在培训中加入相关的内容，帮助他们更好地掌握应对技巧。打个比方，经过一番评估，你已知道了要提升的技巧，明确了下一步的行动方向，那就是帮助员工适应数字变革，提升创造力和学习敏感度。那么在培训设计的过程中，我们要通过协作的方式，提升学员对科技的运用，帮助学员产生更多的新想法、新思路，摒弃过时的知识，重复学习有用的知识。同时，我们还要使用相应的科技平台，在教学方法和培训实践中发挥创造性，你才能达成培训目标，让员工的适应力得到相应的提升。当然，可以选择的方法还有很多，比如及时总结反思、寻找互助伙伴、进行场景模拟和开展团队合作活动，这些技巧都很实用。我们之前讲过，一定要在自己的日程安排中，专门空出时间来发展自己的创造力，提出新想法、新构思。只有付出才有回报，而且，这么做反而能帮我们节省时间。只要我们时刻关注自己需要提升的适应力技能，随时准备迎接新的状况，哪怕有什么突然的变化，也不会措手不及。

请思考

- 通过适应力 DIAL 模型，你达成了哪些目标？
- 在把 ADAPT 模型运用到生活中之前，你需要先做些什么？

◎ 迎战特殊项目

我们在迎接挑战的同时，不一定要完全打破现在的行为习惯。很多时候，那些特殊的项目为我们打开了一扇门，让适应性思维可以尽情遨游。假设有一个特殊的项目或者任务要开始了，你有机会可以加入进去。借这个机会，你不仅可以大干一场，还能收获宝贵的经验、弥补个人技能方面的不足，同时为自己简历增加更多亮点。

不管你从事什么方面的工作，是人才发展也好，还是其他领域也罢，如果你做的事情不能促进个人的成长和进步，提升自己的适应力，那在这里动的脑筋都是一种浪费。适应性思维是帮助我们成长、进步的最佳利器。想一想，最近你在什么事情上发挥了自己的适应性思维？或者有什么事情需要你发挥适应力，你却没有做到？再反思一下，如果当时你能发挥适应性思维，会不会有不一样的结果？

在 1994 年的一次采访中，乔布斯曾说过，只要你意识到自己有能力改变世界，就能让这个世界变得不一样。有的人听到这句话，可能反而会害怕，因为他们打心底害怕成功。乔布斯一语道破成长的奥秘。只要你想，也可以改变世界。

回顾过去，有那么几次我凭借自己的适应力，迎来了人生中的高光时刻。有一年，我们部门为了多方面的组织管理成立了特别工作小组，我也参与了进来，负责员工敬业度方面的工作。新的团队成员我都认识，但从来没有一起共事过。当时，领导并没有具体的指示，所以大家对自己的工作也是一头雾水。但是我凭借对工作的热情，不知不觉就成了团队中的领头羊。尽管没有人要求，我还是为我们委员会制订了 12 个月的发展计划，其中包括进行反馈调查、慈善马拉松、保龄球比赛，成立焦点小组、举办以学习为目的的游戏或员工义捐活动，就像以前在学校的时候一样，大家在一起捐东西、吃圣代，总之我付出了很多的努力。这些工作并不容易，我需要结合自己的教育背景和技能，绞尽脑汁弥补差距，不断完善自己的计划和行动。虽然辛苦，这也给我带来了很多乐趣。

你呢，会不会经常跳出自己的职责之外，去承担更多的工作？回答这个问题前，我们先来思考几个问题。在我看来，并不是所有情况都适合出头。而我们要不要发挥主观能动、勇敢承担，关键还要看你的最终目标、收益（短期收益和长期收益）以及需要投入的资源都是什么，比如到底要投入多少时间。我在做事之前，都会先想想这些，这也是适应性思维的体现。试着想一下，如果自己没有办法在这个项目或者任务上花太多的时间，要怎么做，才能让自己有限的投入变得更有价值。还是刚才的例子，正是由于我一开始的想法和努力，员工敬业度委员会的工作取得了很多新的突破。出众的表现，让我们团队成了部门中的"及时雨"，哪里有特殊的项目，我们就去哪里帮忙。与此同时，我们打响了自己的名号。说起来，大家都知道"人力资源第一小组"。能够为本部门各个级别的员工服务，让我们倍感自豪。我们的行动也感染了大家，整个部门的士气都跟着高涨了起来。越来越多的人毛遂自荐，跳出自己的职责范围，在团体参与、效率提升和科技进步等方面贡献好点子。

还有一次，我要带领我们的培训团队，设计一门人力资源大学课程，而且这个课程必须包括 15 个模块。我经常从零开始设计、研发了不少培训课程，但是这次情况不同。我们团队需要设计、研发足足 15 个模块，也就是说要在短短几个月之内，要准备好推动指南、展示课件、参与手册等其他可能用到的材料。说实话，接下这个工作我又兴奋、又害怕。最后，我们集思广益，想到了一套方案。首先我们找到了之前开发的材料，并把这些材料整理到了一起。然后想象这个课程的目标应该和人事主管的目标一致，于是我站在人事主管的角度上，筛选我们设计过的模型，思考培训课程中讲到的技巧，并努力回忆培训过程中，我和谁合作过，在他们身上都学到了什么。面对不同行事风格、想法或者责任，我都会从这几个方面思考，帮助自己迎接挑战。

◎ 迎战挑战

我们做事情必须敢于打破常规。只有跳出自己的舒适区，才能知道自己在适应力方面有多大的潜能。每个人在适应力方面，都还有很大的潜能没有开发出来，所以，不要再自怨自艾，觉得自己在这方面不行，而是要努力，让适应力成为你的超能力。

在承担风险方面，我还想多说两句。作为篮球迷，我尤其喜欢看加时赛。之前，一位朋友曾找到我，跟我分享她抓住了机会，毫不犹豫地给主管提了个建议。这就好比加时赛中，有的球员愿意拼一把，试着投一个 3 分球，而有的球员会选择把球传出去。愿意抓住机会投篮的球员，深知比赛没有结束，还可以得分。而把球传出去的球员，却用行动降低了得分的可能性。这两种球员哪种适应能力商数更高呢？你又是哪一种球员呢？记住，我们还有得分的机会。我们要先提高自己的适应能力，才能帮助别人，指引他们提高适应力、迎战挑战。

第八章
适应自己的职业
CHAPTER8

如果 2018 年的世界经济论坛预言，到 2022 年将会有 7500 万份工作消失不见，你一定会想，到底哪些工作会消失，我们现在要怎么做，才能更好地适应自己的工作？但是，有一点可别忘了，某些岗位会消失，新的工作机会也会出现。那些没了工作的人也会找其他方面的工作。在领导决策的层面上，我们发现战略思想、多元文化、科学技术和员工敬业度变得更加重要了。现在已经有很多公司增设了相关领域的岗位，比如首席惊奇官、首席文化官、首席数据官、首席数码官、首席审计官、首席经验官，还有麦当劳的首席幸福官。

2010 年，戴尔和柯达都聘用了倾听主管［斯卢茨基（Slutsky），2010］。倾听主管主要负责在社交媒体上搜集信息，同时进行团队管理，以便了解各方关于公司的看法和言论，从内部和外部都进行更好的交流。戴尔在 2009 年购买了佩罗系统（Perot Systems）致力于长远发展，并将业务拓展到互联网技术的层面，更好地服务客户。但是与戴尔相比，柯达的反应就没有那么快了。它没能抓住时机，抢占数码摄影的高地，因此在 2009 年产生了巨额亏损。面对时代的转变，这两家公司都急需调整运营方案，而且双方也得到了市场的反馈。

那些适应力强的公司，也会根据时代的发展在全新领域设立新的高层主管，委任合适的人才在公司文化、数字化、参与度和员工士气方面提高员工适应力，带动公司发展。戴尔和柯达只是两个简单的例子，在过去的 10 年里，很多公司被淘汰了，也有很多公司崛起了。这么多新奇的主管和岗位都相继出现，相信不久之后，就会有公司招募适应力方面的主管了。

不仅领导层要高瞻远瞩，随时调整工作岗位，发展新的工作职能。员工也可以发挥主观能动性，把自己的优势和公司的发展需求结合起来，探索新的职位和机会。打个比方，发展学习、合作、保持员工参与度对于公司来说都非常重要，因此，学习经验设计师、全球创新视觉设计师、数字辅助体验经理和虚拟现实研发员等工作岗位，也变得越来越抢手。

在写这一部分内容的时候，我也在思考，面对更多的新兴职位和职业拓展机会，有哪些工作能和我的个人目标联系到一起呢？你在自己的工作和职业生涯中，有没有发现新的机会？是时候仔细想一想，你现在的工作和自己的目标之间，有着多远的距离。我们要想谋求个人发展，实现发展目标，就必须借助自己的适应力，缩短这个距离。要做到这一点，必须好好学习这一章节的内容。

◎ 提升职业发展

说到提升（level up），你可能会想到席亚拉（Ciara）2018 年推出的那首歌。这个词也可以和引领自己的职业发展相联系。我第一次听这首歌是在 2019 年，陪我的外甥们去旱冰场玩儿的时候。我很喜欢这首歌的节奏，但是具体歌词却听不清楚，多亏我的外甥告诉我，我才知道这首歌是激励我们要在自己的错误中吸取教训，从哪里跌倒就在哪里爬起来。把失败当作一个契机，继续不断进步，这不就是在说我们的适应力吗？这首歌打动了我，也打动了很多人。不仅是音乐，"提升"这个词也跟着火了起来，工作中、会议上还有其他生活场景里，人们也总会提到这个词。

我们想要提升，可以根据适应力 LUPU 法，通过适应力来提升进步要素。比如在工作中借助人才发展能力模型，提升技能，达到行业标准。因为人才发展能力模型包含人才发展的诸多要素，加以利用，就能提高适应力，推动个人进步。

请思考

- 我在发展适应力方面，有什么目标？列出 2~5 个。
- 我在工作的哪些方面，需要发挥适应性思维？

在职业学习的过程中，我们会遇到各种情况，它们都可以是机会，让我们成为"适应力更好的自己"。但是你能分辨出哪些情况暗藏着机会吗？表 8-1 列举了很多不同的情况，并举例告诉我们，要怎么通过新的变化，提升自己的适应力。左边第一栏是可以发挥适应力的新情况，其中包含诸多进步要素。第二栏列出了具体的行动步骤，能帮助我们进一步提升这些要素。当然，面对变化，你可以采取的措施还有很多，这里只是简单举例说明，如何应对不同的情况，提高适应力。

表 8-1　适应力 LUPE——用适应力提升进步要素

可以发挥适应力的情况（进步要素）	应对范例 （提升进步要素的方法）
新环境	● 走出自己的舒适区，主动积累新经验、建立新关系 ● 要灵活机动，迎接新的方式方法
新方法	● 面对变化，对自己不明白的地方及时寻求帮助和指导 ● 摆脱消极思想，把变化看成桥梁，通向我们期望的结果
新的实践和过程	● 在过渡过程中及时征求团队成员、主管的意见 ● 抱着开明的态度，接受新的事物和新的方法 ● 鼓励其他人也跟着一起接受变化，努力进步
可以发挥适应力的情况（进步要素）	● 应对范例 （提升进步要素的方法）
新形式	● 愿意向别人学习，愿意接受新环境、体验新变化，从而进一步成长 ● 分析自己的思维模式，了解别人对你的看法
新技术	● 发挥学习敏感度，随时准备学习新技术，助力工作改革 ● 在工作中、网络上和其他的培训中，搜集相关的信息

可以发挥适应力的情况（进步要素）	应对范例（提升进步要素的方法）
新的团队	● 和团队成员建立新的关系，相互学习、相互分享 ● 借着这个机会，学会和不同工作风格的人合作
新的客户和消费者需求	● 多问问题，了解对方的需求 ● 通过电话、网络或者其他方式主动交流，学会聆听 ● 关注客户的目标，进一步了解他们的需求 ● 提升情商，试着站在对方的角度考虑问题
内部和外部新的合作伙伴	● 把新的工作关系当成一次机会，增加相关经验，建立新的关系 ● 推动双方互惠互利
新的学习发展与组织生态系统	● 发挥学习敏感度 ● 尝试新的工具和技术 ● 研究不同的系统，找到适合自己的岗位、团队和公司的方案 ● 不要害怕犯错

　　我们可以从很多方面来发展自己的适应力。上面只是一些简单的例子。在提升自己适应力的过程中，相信你还能发现更多情况或场景，可以发挥、提升我们的适应力。

◎ 制定 SMART 目标，并把它们写下来

现在，我们来看看怎么提升自己的进步要素。但是具体要从哪方面开始呢？这时候，不妨追本溯源，先看看你在教育、发展、职业生涯、适应力或者其他方面都有哪些目标。如果你的目标不明确，或者没有想好未来的发展方向，那肯定就没有办法继续，更不可能做出正确的选择。不知道目标是什么，就不知道朝哪里前进。在启程之前不知道目的地，又怎么能选择正确的路线呢？只有了解了自己在技能方面存在的差距、明确新的工作要求、技术变化、客户反馈，同时探索内心深处的渴望，才能真正找到我们的目标。

只找到目标还不行，我们最好把目标写下来。2015 年盖尔·马修斯（Gail Matthews）和加利福尼亚的多明尼克大学（Dominican University）合作研究发现，一个人如果把自己的目标写下来，那么实现目标的概率就能高出 40%。认证成为主要导师后，我养成了一个习惯，就是及时把目标记录下来。几年前，我参加了"女性领导会议"，这一次的经历让我重新审视了自己的这个小习惯。才发现，原来写下来，能有这么大的威力。在那次会议上，演讲人让在场嘉宾一起

把自己打算实现的目标，以及达成目标大概的期限，写到她发给大家的卡片上。同时，她还保证会发邮件进一步跟进，提醒我们别忘了自己的目标，要努力前进。随后，我真的收到了演讲人发来的邮件，里面是我当时下载下来的卡片。到现在我还记得，打开邮件的时候，我发现自己写下的目标中有 2 条已经实现了，还有一条马上就能实现，这让当时的我特别高兴。所以，希望你也能把自己的适应力目标写下来。有人说，没有写下来之前，这一切都只是我们的梦想。还等什么，现在是时候把梦想变成现实了。

你所写下的目标，要遵守 SMART 原则。SMART 原则指的是：

- 具体（Specific）：写下来的内容一定要包括谁、是什么、为什么、在哪里、哪方面。

- 评估（Measurable）：提供具体的指标，评定自己的进步，好知道距离目标还差多远。

- 可实现（Achievable）：你的目标可以很难，但是不能脱离实际。

- 相关性（Relevant）：写出来为什么这是你的目标。

- 时间导向（Time-oriented）：写出来达成目标大概的时间节点。

SMART 原则不仅能帮我们实现个人发展方面的目标，其他类型的目标也能通过它提高实现的可能性。在表 8-2 中，举例介绍了两个目标，以及相应的适应力发展计划。我们必须要事无巨细地把计划写出来，才能搞清楚自己在做什么、需要做什么、什么时候做、到底能不能成功。达成目标之后，可以把具体实现日期记录下来。你也可以上网查一下其他类似的模板，看看还有哪些相关信息可以填进去。

在附录中还有适应力发展计划表，请在里面写出你自己的目标、技巧、活动、资源、日期和成功评定标准。

请思考

- 我在哪 3 个方面最有潜力，可以更好地发挥自己的适应力？
- 接下来的半个月里，我需要用到什么工具？接下来的一个月里，我又会用到什么工具？

◎ 职业前景工具

2020 年的 10 月份，我应邀在全国非裔美国人人力资源

表8-2　适应力发展计划样本

适应力发展目标	技能和能力	资源	方法和活动	预计完成日期	实际完成日期	成功评定标准
在接下来的 30 天内，通过课件制作软件 Articulate storyline360，制作网络学习课程	科技或者创造工具	● 万维网研讨会 ● 网站视频（YouTube） ● 工作帮助（Job aid） ● VILT 课程模型 ● 有关网络学习的文章或者博客	● 笔记本电脑 ● 网络学习 ● Articulate storyline360	2023 年 1 月		● 制作出网络学习课程 ● 课后评价体系 ● 至少 3 个人参与学习互动
在 90 天内，和你的团队成员或者主管分享至少两个有创意的想法	创新	● 领英学习研讨会 ● 《首席学习官》杂志 ● TED 演讲 ● 《连线》杂志 ● 相关网络课程	● 人才发展协会相关小组	2023 年 3 月		● 把你的想法告诉主管、部门负责人或者经理

协会"女性领导年度会议"上，准备一个有关适应力的演讲。一开始，我本打算以"提升"为演讲的主题。按计划我会在主持人介绍后上台演讲，号召大家提高适应力。后来，想到这次的活动和我有着深厚的渊源，主持人是我曾经的导师——李·梅多斯（Lee Meadows），也是全国非裔美国人人力资源协会（NAAAHR）的主席，我这一路的成长都离不开她的帮助。于是，我把演讲主题调整为"2020 领导必修课——提升你的适应能力商数"。在这之前，我已经针对新型冠状病毒疫情，在几次演讲和播客中和大家探讨过适应力。现如今，不管是个人、团队，还是各类公司，都在努力提高适应力，践行适应力。这是时代的要求，也是我们必然的选择。

在职场中航行，能不能找到机会、把握机会对我们的职业生涯至关重要。我从一开始就明白，这次演讲对我来说是一个绝佳的机会。但并不是所有的机会都是这么直白，这就需要我们从目标达成、关系构建、人脉提升、个人发展、名称联想等长远利益出发，透过表面，挖掘本质。短期内或者长期来看，有哪些因素会影响我的职业生涯，需要考虑的还有很多。并不是所有的投资都能带来即时的回报。

在提问回答环节，一位参会人问我，对于一个面对疫情全然不知所措的人，我们应该和他说什么。这个问题问得特别好，回答的时候我也非常激动。因为在过去的这两年中，特别是疫情蔓延至今，我也曾无数次问自己同一个问题。未来充满不确定性，我们谁也不知道明天会怎样，更没办法摸透人才发展的职业前景。我们的世界每天都在变化，有新的产业出现，就会出现相应的工作岗位，当然也会有旧的产业淘汰。这种时候，与其终日诚惶诚恐，生怕自己丢了饭碗，倒不如想办法让自己的适应力飞跃起来。利用合适的工具和资源，迎接前方的未知，助力自己的职业生涯和个人发展，获得你向往已久的结果。

我们今天看到的可能到了明天就会不一样，因为产业变了，需求也会跟着变。现在，软技能培训设计中，也需要虚拟现实和人工智能方面的教学设计师，这在以前谁都没想过。不仅如此，未来可能还会需要虚拟现实和人工智能方面的咨询师。领英 2020 年的报告中指出，41% 学习发展方面的专业人员认为，我们需要更多有关人工智能方面的工作职位。虽然我们没有水晶球，不能预测未来，但是还是可以根据发展找到一些未来人才市场上的端倪。比如，在某些学习场景中，需要运用到虚拟现实和人工智能相关的技术。机器人和我们不一样，他们一年 365 天不眠不休，没有周末。布兰登霍尔集团（Brandon Hall Group）研究发现，一个人一小时才能完成的工作流程，机器学习 5 分钟就能搞定。要登记新的学员、同时给他们发邮件问好，需要我们干上 30 分钟，然而机器学习两分钟就能完成这些工作。机器学习是人工智能的一部分，指不需要编程，用数据或以往的经验优化计算机程序。人类对于人工智能的利用仅仅是刚开始，但是与之相关的应用覆盖了很多领域，其中就包括人才发展。

在一些人才发展的领域中，机器学习尤为重要。比如人才招募、职业规划、学习发展、员工绩效、员工敬业度、员工认可度方面的简单工作，都可以通过人工智能，或者说机器学习来完成，不需要我们的参与。现在有一些工作已经完全是人工智能在做了，比如：

- 应用处理。

- 简历筛选。

- 新的招聘流程。

- 新手启动。

- 能力与工作职位的匹配。

- 高潜力领导者追踪。

- 学员学习进度和完成情况。

- 领导力发展训练。

- 员工福利服务。

- 员工参与渠道。

- 绩效考核。

- 员工识别系统。

我们需要特别关注这些领域，并相应地在这些领域发展自己的创新能力、灵活性、创意、解决问题的能力、批判性思维。才能在关注当下的同时，放眼未来。当然，这需要有意识地进行训练，才能做到。毕竟要把关注点同时放在两个不同的地方并不容易。

我们可以参考表 8-3，即人才发展职业前景，来了解自己的职业发展情况，看一看自己在工作岗位和技能发展方面到底处在什么水平。在附录的模型中，把你的工作情况、要达到职业目标以及需要掌握的技能都写出来。

对照下表中不同级别的职位，你属于哪一层？不管你身处人才管理的哪个层面，都要学习人才发展核心能力。因为只有这样，才能在不同的岗位上，发挥适应力技巧，抓住机会，迎接挑战。我们不妨想想，自己是否已经具备这些能

表8-3　人才发展职业前景模板

	入门级	有经验的管理层	主任、副总层	高管层
	参与培训 职业生涯规划 自主学习	职业跟进 自我领导 领导力发展	职业建模 领导公司发展 领导力发展	高管建模 指导他人 远见和策略
	培训师助理 网络学习技术员 学习发展助手 学习管理实习生 人才发展助理 培训管理员 培训协调员 虚拟现实实习生	人工智能咨询师 网络学习专家 学习体验经理 学习专家 学习发展人才发展经理 项目培训经理 人才发展合伙人 培训专家	副主任 学习主任 教育培训主任 培训主任 人才发展主任 学习副总 人才发展副总	首席学术总裁 首席多元性包容性总裁 首席学习总裁 执行董事 高级执行董事
	0-2 年	3 年以上	5 年以上	10 年以上

人才发展核心能力

0-2 年	3 年以上	5 年以上	10 年以上
适应力 教学设计能力	交流　情商 领导力　终身学习和学习敏感度	助力作用 解决问题的能力	未来准备的能力 科技应用能力

力了呢？不同的适应力技能可能适合不同的人，比如对于高管层，需要建立高适应力的企业文化。学习完这一章节的内容，你需要完成附录中的职业前景表，进一步明确自己的工作岗位，找到适合的适应力技能。人才发展职业前景表对人才发展专业人士来说，意义重大。通过你的职业规划，思考以下几个问题：这是不是你热爱的工作？你有没有想办法抓住那些好机会？有没有想过自己开一家咨询公司？

◎ 适应力小贴士

我最早开始讲解适应力的时候，都会在演讲内容中附上一张小贴士。把这个称作小贴士，是因为这个对我们来说，就像小贴士一样，可以随时拿出来借鉴一下。想要更好地发展适应力，表 8-4 中的步骤可以帮到我们。这些简单易上手的实践步骤，能够推动我们的进步，提升适应能力商数。

表 8-4 中的每个步骤都有一个简单的介绍，还会告诉你要完成这个步骤，你需要哪方面的帮助。比如，我们可能会需要别人的反馈，就像我们在讲到乔哈里视窗的时候曾探讨过，通过别人的看法提高自我意识。很多能提升我们适应能

力商数的技巧，包括合作、相互学习和创新，都不适合单打独斗，需要有其他人参与进来，效果才会更好。我们可以把小贴士中的行动步骤，带入到工作岗位中。

表8-4　适应力发展小贴士

步骤	介绍	是否需要他人参与
应用适应能力商数模型	根据书中的某个模型，关注自己的发展	否
了解自己的适应能力商数	根据自己的行为、技能、过去的做法判断自己的适应力到底处于什么水平。可以参考附录中的适应力自检表对自己的适应力进行评估	是
实施发展计划	根据适应力提升进步要素和其他工具，跟进自己的进步	否
设定适应能力商数发展目标，确定你的转折点	针对有发展前景的领域，制定发展目标。看看哪些延伸目标能促进个人成长和职业发展	否
确定挑战	想想在实现目标的过程中，可能会遇到哪些障碍	否
可利用的研究资源	仔细思考，要实现目标你需要哪些帮助。可利用的资源包括万维网研讨会、播客、网络课程、研讨会、导师指导、责任伙伴、私人导师、TED演讲、专业协会会议、特殊兴趣小组、书友会、工作项目、委员会工作以及常规教育	是

续表

步骤	介绍	是否需要他人参与
实践	发挥你的灵活性、创新能力、学习灵敏度。回顾适应力提升进步要素以及附录中的其他资料	是
进一步磨砺自己的适应力	回顾自己取得的成就，以及你真正在自己的适应范围内茁壮成长的例子，看看自己的适应力到底有什么进步。把你的进步分享给合作伙伴，或者其他你想要分享的人	是

◎ 把适应力带入到工作中

　　工具好不好用，试试才知道。我们需要在合适的时机、合适的岗位运用合适的工具，才能事半功倍。书中讲到了诸多模型，你可以根据实际情况加以使用，提升适应力技巧。在实际工作的过程中，这些方法和模型都能够帮上大忙。同时，我们还可以把书中学到的内容当成跳板，指导自己的实践。相信在这些模型的加持下，你的创新创造能力、才华和灵活性一定会得到提升。千万不要忘了，能限制住你的只有你自己，要及时调整我们的心态和想法，发挥主观能动性，推动个人和团队的发展。

第九章
主动承担责任
CHAPTER9

　　每次谈到责任，我总会想到第一章中提到的那次旅行。即 2013 年我带领交换生去日本东京的学习之旅。在出发前几天，我们专门为这次出行进行了文化方面的培训。这些培训课程包含许多要点，比如：千万别把护照弄丢了！作为孩子们的陪护，这一条一直印在我的脑子里。你肯定猜不出，我们到日本的第一天居然发生了什么！一个学生的护照找不到了。

　　我们找了很多地方，反复推测护照可能丢到哪了。在这个过程中，我感觉像做噩梦一般，大脑里全都是阿什顿·库彻（Ashton Kutcher）主演的美剧《整蛊总动员》（*Punk'd*）里面的场景。最后，我和另一名陪护分头行动，各自带着一队学生和翻译继续找护照。我记得自己一直在想，要是找不到可怎么办？没有护照，她可怎么回国啊？我该怎么和她的父母交代啊？他们把孩子交给我照顾，我却把她丢在异国他乡！

差不多一小时之后，我们听说，在之前去过的一个地方，有人捡了一本护照，于是我们全都奔向那里。这次的经历给团队中所有的学生和陪护都上了重要的一课，让我们深刻明白了责任的含义。适应力的很多技能，包括作决定、批判性思考、承担风险，都附带着一定的责任。如果不能承担责任，任凭你的适应能力商数再高，对于整个团队来说也都是个累赘。

◎ 适应力的利害关系

当适应力和个人利益，或者工作中的利益挂上钩，往往意义重大。听到或看到"责任"这个词的时候，你是不是也有点害怕？公司在经营或者业绩中出现问题时，是不是总会讲到这个词呢？我们还不认识"责任"这两个字的时候，就明白了责任的含义。从小我们就自愿或者被动地了解到，做什么或者不做什么，都有一定的后果，需要我们自己来承担。我很喜欢罗杰·康纳斯（Roger Connors）、托马斯·史密斯（Thomas Smith）、克雷格·希克曼（Craig Hickman）合著的书《奥兹法则》（*The Oz Principle*）中对"责任"这个词的解释：责任是"一个人决定克服困难，为了满意的结果而做好自己应该做的事——去看、去承担、去解决、去行动。"

既然承担了责任，就要做好。每当我完成某项课程的培训，总喜欢说这句话："你们已经了解了一些工具，也学到了一些技巧。我们要用这些技巧武装自己，随时准备迎战前路的危机。"在我看来，做什么事情都是这样。我们要让自己随时准备好，既准备好武装起来，也准备好应对风险，才能带来影响和改变，铸就属于自己的辉煌。这本书就是要带你走向辉煌，把提高适应能力商数当作自己的首要责任，直到目标达成为止。

"要克服困难、达成目标，我还能做些什么？"这是《奥兹法则》中，作者提出的一个问题。而你的答案，决定了自己是勇于承担责任，还是当一个受害者。这两者之间的界限就像爱和恨一样，只在一念之间。当不当受害者，接不接受眼前的现实，是自己的选择。我也经常会问自己同样的问题。在我的生命中，很少感觉自己没有办法掌控局势，对现状无能为力。为数不多的类似经历，我在前面的内容中也分享过了。每当我发现自己的某些思想和心态不太对，都会通过读书（特别是《圣经》和《高效能人士的七个习惯》）回顾自己取得的成果，或是找后援，帮助自己适时调整。作为适应力提升之旅的最后一站，这几点在本章节中都会讲到。

◎ 开启适应力之旅

首先，我们必须承认，你的思想和心态决定了自己的效率和表现。要定期自省，检查一下你有没有取得想要的结果。不要花太多的精力去抱怨，这么做毫无意义。这就好比在球场比赛，我们控制不了其他球员，赛场上又没有裁判，只能管好自己，拿到球之后好好加以利用。

有的时候，我会找自己的后援。我经常开玩笑说，艾琳就是我的私人教官，她对我总是高标准、严要求。艾琳的铁腕政策确实帮我磨利了自己的兵器。每当我要承担责任的时

候，都会问问自己：“这种情况下艾琳会和我说什么？”我很
了解她，知道她可能给出的答案。而这个答案，也会激励我
在那些需要坚持的地方继续努力。同时，我也会反思自己哪
里做得不够好，比如没让“有潜力的埃斯特”上场。团队再
好，没有加以利用也是枉然。

我们还要时不时地自查一下，自己在提高适应力方面选
择的工具，有没有让你的工作表现、工作效率上升一个台
阶。在第七章中，我们学到了不少工具，一定要在工具箱
里放好，时不时地拿出来用用。表9-1为人才发展职业生
涯适应力自检表，可以帮助我们及时自省自查，承担相应
的责任。希望你能把它与之前学到的技巧结合起来，能在
合适的情况下加以利用。

表9-1　人才发展职业生涯适应力自检表

我们可以通过职业生涯适应力自检表找到合适的机会，运用适应力
技能，提升适应能力商数。表中把具体的行动步骤都列了出来，可
以帮助我们更好地在职业前景中航行。如果你觉得有需要补充的地
方，就写在下面。自己规定时间，每个月或每个季度再回顾一下自
检表中的内容，并完成其步骤。

姓名：_____

✔ 回忆在本书中，你学到了哪些提高适应力的方法。哪些方法或步骤你会用到？你是怎么用的？这是什么时候的事？你是如何运用这些技巧和方法的？

_____

_____

✔ 完成适应力评估。

✔ 完成你的适应力技巧清单（有哪些技巧能帮助你更好地适应，把它们写下来）。

✔ 制定适应力 SMART 目标。

✔ 开启人才发展职业前景。

✔ 选择合适的工具（比如日志），跟进取得的成果。把你每一天、每一周使用的适应力技巧记录下来，比如合作、创新、好奇心、灵活性、创造、乐观、冒险、多才多艺等。

其他：_____

_____

_____

✔ 检查你的后援队，看看谁能真正助力你的发展，根据实际情况适当地增加或删去一些人。

✔ 确定行动方案，每天、每周或某个固定的时间来鼓舞、激励、帮助他人，并把这个当作自己的 SMART 目标，加到发展规划之中。

✔ 找到合适的方法（比如读期刊、听播客、看书或浏览领英），让自己始终能够了解本领域内最好的行动方案、最热门的话题和最新的变革。把这些内容加到自己发展计划的 SMART 目标里。

✔ 明确在工作、家庭中影响你适应力发展的障碍或挑战。

_____

_____

_____

续表

> ✎ 找到合适的方法克服这些障碍和挑战。
> _____
> _____
>
> ✎（每周、每月或每季度）跟进、评估你的适应力发展计划。
> 其他：_____
> _____
> _____

　　这些工具可以帮助我们跟进、监控自己在 10 英里（约 16 千米）之旅中，到底有哪些收获。要用好这些工具，我们还需要保持灵活机动，在整个过程中随时准备跟着改变。这个改变可能源自路径的改变、目标的改变、危机的出现、意外事件的发生，总之会有很多原因，要求我们跟着改变、适应。不管我们选择了什么工具，制订了什么样的计划，都必须把它们和自己的目标结合起来，而且时时跟进。只有这样，我们才能进一步成长，同时提升自我价值，在职场中立于不败之地。

◎ 谁是你的最佳问责伙伴

　　谁是你的教练？要想成长，我们不光需要知识和经验，还需要合适的人。一个对的人能帮我们扭转乾坤。在希拉里·斯万克（Hilary Swank）和克林特·伊斯特伍德（Clint Eastwood）主演的电影《百万美元宝贝》（*Million Dollar Baby*）中，伊斯特伍德饰演的拳击教练法兰基长期自我封闭，斯万克饰演的学徒麦琪凭借坚毅的决心软化了他，在伊斯特伍德的指导、训练、反馈、认可和帮助下，斯万克最终夺冠，取得了自己都不敢想的成功。可惜的事，最后斯万克忘了教练在生死攸关时刻的叮嘱：不要把后背转向你的对手。一次错误的转身之后，对手给了她致命一击，让她付出了惨重的代价。外场上的后援团可以帮助我们，但是最后要靠的还是我们自己。毕竟，到头来是我们为自己负责、给自己买单。

请思考

- 在适应力之旅中，问责伙伴怎么做能帮到你？
- 你在哪些方面面临问责挑战？
- 你能想到谁可以做你的问责伙伴吗？写出两个名字。

通常情况下，要在适应力之旅中帮到我们，这个问责伙伴要不就是踏上过这趟旅程，要不就是有着相关经验。不然的话，很可能他们自己还是一团乱，又怎么能帮到你呢。而且，这个问责伙伴要能在需要的时候，说该说的话，不会只是一味顾及你的心情。当然，这也取决于你们之间的关系，到底能不能让他们放下心来实话实说。你的问责伙伴可能是自己精心挑选出来的，也可能碰巧赶上就是他了。他的责任期限可能是一个季度，也可能更长或者更短，总之是有一个既定的时间。最重要的是，问责伙伴在帮助我们的同时，也对我们负责。他们推动我们朝着目标，以自己都想不到的速度迈进。问责伙伴关心我们，你们之间不存在嫉妒、利用、虐待、冷落这些病态的相处模式。问责伙伴在乎你的情绪，不会在言语上刺激你，更不会给你灌输消极的想法。如果你的问责伙伴做了上述任何一件不好的事，那就需要重新考虑一下你们之间的关系了。

我之前参加过一次培训，培训中的引导师，教会了我如何建立问责伙伴关系。读到现在你可能也发现了，我特别喜欢借鉴别人的方法，并加以运用。如果你也这样，说明自己的适应力还是不错的。能做到这些，多亏了我强大的后援。

所以，选择问责伙伴是件大事，不是儿戏，一定要经过仔细的思考。想一想，谁能在你需要的时候，给你的工作、

行为或者交流方式提出最诚恳的意见。有的时候，我们需要
不止一个人来当我们的问责伙伴。可以参考下面几点要求，
来选择自己的问责伙伴：

- 选择同龄人或相同工作的人。

- 选择值得信任的人。

- 选择能够提出质疑，但不会指责你的人。

- 选择能为你的利益着想的人。

- 选择可以在你做得不好的时候，直言不讳、实话实
  说的人。

我们要和自己的问责伙伴相互合作，迎战前路的挑战
和阻碍，朝着自己的适应力目标迈进。能不能达成适应力目
标，提高自己的适应能力商数，和选择谁来当我们的问责伙
伴有着直接的联系。打个比方，我把自己的目标分享给了劳
拉（Laura）和艾琳（Eileen）两个人，她们都很了解我，也
都给了我们很中肯的建议。正如乔哈里视窗中讲到的，我们
决定了自己的公开区，别人对我们的了解也是建立在这些公
开信息的基础上。你想要更深层次的帮助，就要展现出更多
真实的自己。

当然，我们可以建立表层的问责伙伴关系，这并不需要

挖掘太多真实的自己，只要问责伙伴及时更新我们的进展情况、及时反馈就可以了。我建议大家在和问责伙伴沟通的同时，也把自己取得的进展记录下来。这样能让你随时了解自己的进步，并且针对一些问题和问责伙伴展开讨论。记录没有固定的格式和要求，你能看懂就可以。

◎ 达标检测

现在，我们来仔细想一想你想做什么，做成了吗，做得怎么样，为什么要这么做。正如西蒙·斯涅克（Simon Sinek）在他的书《从为什么开始》（*Start With Why*）中所提倡的，我们最先要搞清楚为什么。只有弄明白为什么要这么做，才能找到更好的行动方法。我自己也发现，分析了原因之后，取得的结果和成就也变得更有意义了。举个例子，一开始我读博士的时候，并没有想过为什么这么做，只知道我的家人和朋友都鼓励我继续深造。但是博士并不好读，课程内容越来越难，相关的学习让我心力交瘁。这个时候，我意识到自己必须找一个继续学习的理由，激励我坚持下去。再来说说达标检测，它指的是在你心中，目标的实现情况，以及在实现的过程中，你是怎么监督自己、承担责任、解决问题、具体行动的。

● 为了进一步的成长，你都通过什么方式来记录或者跟进自己采取的行动呢？

讲到这里，我们的适应力之旅也将告一段落。当然，要不要提高适应能力，决定权在你自己手中。这为我们的人生开启了新的篇章，接下来，是时候把学到的知识运用到工作中了，去和别人分享。古罗马哲学家塞涅卡（Seneca）说过："传授的过程，也是我们学习的过程。"是时候运用自己学到的知识和技巧来大干一场了。我们在第一部分中已经学习了什么是适应力，为什么要提高适应力，以及提高适应力的意义。在第二部分中，我们又学到了在人才发展的不同岗位中，发挥适应力的步骤和工具。

最后，我想和大家分享几句话，这些话都是作家、演讲家、领导力咨询师麦斯·蒙洛（Myles Munroe）说的。他用类比法，讲述了雄鹰在面对风暴的时候都会怎么做，这些话引人深省，发人深省：

- 雄鹰从不畏惧暴风雨，总是顶风翱翔。

- 雄鹰会借助暴风雨，选择自己的飞行高度，永远都在风口上方。

- 雄鹰会趁风暴休息一下，毕竟，暴风雨都是暂时的。

- 雄鹰把暴风雨当作一次洗礼，好冲刷干净自己的羽毛。也把暴风雨当成一次考验，让自己飞得更高。

- 雄鹰从不会在意暴风雨什么时候来，什么时候走。来了就面对，过去了就遗忘。

生命之中，面对突然出现的暴风雨、危机或者意外，希望你都可以像雄鹰一样，借助自己的适应力，肆意翱翔。只有超越自己、不断挑战新的高度，才能取得真正的进步。所以，当暴风雨再次来临时，不要害怕，告诉自己你生来就会应对这些。再看看镜子里的自己，是不是已经走出舒适区，准备大干一番了！不管是在工作中还是生活中，我们适应得越好，就能飞得越高。相信你一定可以让自己的适应能力商数再上一个台阶，如雄鹰一般，大展宏图。

▊ 附录

人才发展能力模型

　　根据以下"人才发展能力模型"，发展相应能力，更好地适应公司的发展和未来的需求。

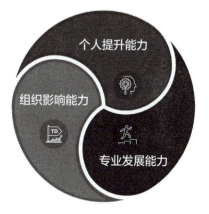

适应力发展小贴士

步骤	介绍	是否需要他人参与
应用适应能力商数模型	根据书中的某个模型，关注自己的发展	否
了解自己的适应能力商数	根据自己的行为、技能、过去的做法判断自己的适应力到底处于什么水平。可以参考附录中的适应力自检表对自己的适应力进行评估	是
实施发展计划	根据适应力提升进步要素和其他工具，跟进自己的进步	否
设定适应能力商数发展目标，确定你的转折点	针对有发展前景的领域，制定发展目标。看看哪些延伸目标能促进个人成长和职业发展	否
确定挑战	想想在实现目标的过程中，可能会遇到哪些障碍	否
可利用的研究资源	仔细思考，要实现目标你需要哪些帮助。可利用的资源包括万维网研讨会、播客、网络课程、研讨会、导师指导、责任伙伴、私人导师、TED 演讲、专业协会会议、特殊兴趣小组、书友会、工作项目、委员会工作以及常规教育	是
实践	发挥你的灵活性、创新能力、学习灵敏度。回顾适应力提升进步要素以及附录中的其他资料	是
进一步磨砺自己的适应力	回顾自己取得的成就，以及你真正在自己的适应范围内茁壮成长的例子，看看自己的适应力到底有什么进步。把你的进步分享给合作伙伴，或者其他你想要分享的人	是

合理使用 ADAPT 模型，提升适应能力商数（AQ）。

ADAPT 模型

分析
分析要提高适应能力商数，可以利用的内、外部资源都有哪些。

准备
制订计划，把你要怎么做来达成目标，以及评估成果都写下来。

行动
根据我们制订的计划，寻找可以提高适应能力商数的培训课程。

决定
根据上一步的评估结果，你需要学习哪些技巧，提高自己的适应应力。

评估
根据你应对困境时的效率和表现，评估自己的适应力水平，以及你到底有多迫切，需要提高适应力。整体评价一下我们的适应能力商数。

FAST 法

通过以下 FAST 法，营造有利于适应力发展的企业文化。

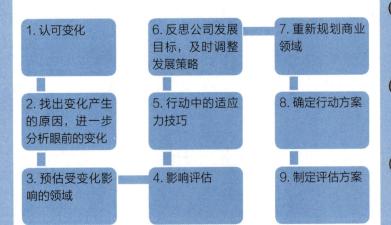

1.认可变化	6.反思公司发展目标，及时调整发展策略	7.重新规划商业领域
2.找出变化产生的原因，进一步分析眼前的变化	5.行动中的适应力技巧	8.确定行动方案
3.预估受变化影响的领域	4.影响评估	9.制定评估方案

适应力发展计划

利用以下"适应力发展计划表",记录自己的进步,检验在适应力方面的目标达成度。

适应力发展目标	技能和能力	资源	方法和活动	预计完成日期	实际完成日期	成功评定标准

人才发展职业前景模板

　　结合以下"人才发展职业前景模板"，为自己制定职业规划。做一个有目标、知上进的人才发展专员。

人才发展职业生涯适应力自检表

我们可以通过职业生涯适应力自检表找到合适的机会，运用适应力技能，提升适应能力商数。表中把具体的行动步骤都列了出来，可以帮助我们更好地在职业前景中航行。如果你觉得有需要补充的地方，就写在下面。自己规定时间，每个月或每个季度再回顾一下自检表中的内容，并完成其步骤。

姓名：_____

✎ 回忆在本书中，你学到了哪些提高适应力的方法。哪些方法或步骤你会用到？你是怎么用的？这是什么时候的事？你是如何运用这些技巧和方法的？

_____

_____

✎ 完成适应力评估。

✎ 完成你的适应力技巧清单（有哪些技巧能帮助你更好地适应，把它们写下来）。

✎ 制定适应力 SMART 目标。

🖋 开启人才发展职业前景。

🖋 选择合适的工具（比如日志），跟进取得的成果。把你每一天、每一周使用的适应力技巧记录下来，比如合作、创新、好奇心、灵活性、创造、乐观、冒险、多才多艺等。

其他：_____

_____

🖋 检查你的后援队，看看谁能真正助力你的发展，根据实际情况适当地增加或删去一些人。

🖋 确定行动方案，每天、每周或某个固定的时间来鼓舞、激励、帮助他人，并把这个当作自己的 SMART 目标，加到发展规划之中。

🖋 找到合适的方法（比如读期刊、听播客、看书或浏览领英），让自己始终能够了解本领域内最好的行动方案、最热门的话题和最新的变革。把这些内容加到自己发展计划的 SMART 目标里。

🖋 明确在工作、家庭中影响你适应力发展的障碍或挑战。

🖋 找到合适的方法克服这些障碍和挑战。

（每周、每月或每季度）跟进、评估你的适应力发展
计划。

其他：_____

_____

_____

_____

_____

_____

_____

_____

_____

_____

_____

_____

_____